Entdecken Sie das Loire-Tal!

Im »Freigehege der Majestäten« sorgen Kunst und Natur für Überraschungen an jeder Biegung des Flusses

L*a douce France* – das liebliche Frankreich. Ist es das wirklich? Im Frühjahr, wenn sich nach der Schneeschmelze im Zentralmassiv die Wassermassen der Loire meerwärts wälzen, schmutzbraun und gewalttätig das Land fast in seiner gesamten Breite teilen, da wird jeglicher Hauch von Lieblichkeit weggeschwemmt wie altes, vertrocknetes Laub und Geäst. Im Hochsommer hat dann halb Europa seine Busdivisionen in Marsch gesetzt. Aus diesen Kulturcontainern mit Fahrer, Klo und Reisebegleiter am Mikrophon ergießen sich Ströme von lärmenden, schwitzenden, fotografierenden Menschen in Sandalen und kurzen Hosen über die Schlösser der Loire. Jedes Château bekommt gerecht seinen Anteil ab. Man möchte gar nicht glauben, daß es so viele Bildungsgierige gibt. Aber wer will da noch von *la douce France* sprechen?

Die Loire ist nicht lieblich. Der letzte große Wildwasserfluß Mittel- und Westeuropas durchquert auf einer Länge von 1012 km Frankreich, wie er es will. Jede Biegung, jede Krümmung ist Natur, seit Jahrtausenden. Man stelle sich einmal vor, Rhein oder Rhône würden so unbehelligt durch die Lande strömen, so unverfälscht, so souverän. Das hat die Gesichter der Loire-Landschaft geprägt: der Zorn des tobenden Hochwassers, die gleißende Ruhe im sommerlichen Dahinströmen, die Melancholie seiner Nebelschwaden, der goldene Frieden beim Sonnenuntergang. Man möchte unentwegt auf dieses unbeirrte Wasser starren, wie süchtig. Erst dann kommt das Künstliche, das Kunstvolle, die Ergänzung: die Dörfer, die Felder, die Städte, die Brücken, die Weinberge, die Wiesen, die Fischernachen, die Burgen und Schlösser. Und alles zusammen ergibt ein Bild, eine Ästhetik, die alles mögliche ist, nur nicht dies: lieblich.

Um Mißverständnissen vorzubeugen: Die Loire ist kein düsterer Schicksalsfluß. Die Menschen haben an ihren Talhängen Wein angebaut, das stimmt heiter. Die Unabhängigkeit des

Schloß und Loire-Brücke von Gien

Die eiserne Schiffsbrücke von Briare wurde 1897 eingeweiht

Flusses bedroht seine Anwohner keineswegs. Im Gegenteil: Gelassene Lebensfreude ist diesen Menschen eigen. Die Loire-Dichter François Rabelais (aus Chinon), Honoré de Balzac (aus Tours), Joachim Du Bellay (Anjou), Pierre de Ronsard (Le Loir) haben die menschlichen Eigenarten hinreichend beschrieben: die Spottlust, die Geduld, das Genießerische, die Lust am Rausch von Wein und Leben. Das Paradies schlechthin?

Na ja, es ging nicht immer idyllisch zu in der Geschichte dieses Tals. Die Kelten haben sich gegenseitig die Schädel eingeschlagen, dann hieben die Römer auf die Gallier ein. Die Normannen trugen mit ihren Drachenbooten Feuer und Gewalt den Fluß hinauf. Die mittelalterlichen Grafen bekriegten die Herzöge. Die Könige die Könige. Die Franzosen die Engländer, die Katholiken die Protestanten. Und wenn es nicht so blutig gewesen wäre, so müßte man nachträglich schmunzeln über die Tücke, Raffinesse und Gier, mit denen die edlen Damen und Herren bisweilen zu Werke gingen: Geschichte und Anekdoten gäben unerschöpflichen Stoff für Intrigenserien à la Hollywood.

Das Freigehege der Majestäten, so wird dieses Flußtal oft genannt. Immerhin hinterließen die territoriale Habgier der verschiedenen Herrscherfamilien, ihr Konkurrenzneid und die pfauenhafte Darstellungssucht ein in Europa einmaliges Konzentrat von romanischer, gotischer und Renaissance-Baukunst: die Schlösser der Loire, Hunderte. Dafür wurde gelogen, betrogen, gemordet, gestohlen, gehurt. Die Gärten und Dachterrassen waren eigens für nächtliche Schäferstündchen konstruiert. Der König selbst ging stets mit gutem Beispiel voran. Franz I. hielt sich eine gewisse Marie Babou, die in seinem Reich wenig charmant »königliche Matratze« genannt wurde. Madame trug den Spöttern ihren schlechten Ruf nicht nach – sie machte das Beste daraus und rühmte sich ihrer Liebesnächte mit Papst Clemens VI. und Kaiser Karl V. Eine andere Gespielin des Königs war Françoise de la Foix, die ihrerseits eine Affäre mit des Königs Admiral hatte.

Königliche Eskapaden zum Schmunzeln – doch meist pflegten die Regenten mit ihren Untertanen und Hofschranzen einen rüderen, oft blutigen Umgang. Franz' Sohn Heinrich II. ließ in seinem Schloß Blois seinen Widersacher, den Herzog de Guise, ermorden. Immerhin führte der König dem ahnungslosen Edelmann vor der Bluttat noch eine Ehrendame für seine letzte Nacht zu.

Heute dankt die Tourismusbranche den einstigen Monarchen, denn der französischen Volkswirtschaft des ausgehenden 20. Jhs. haben der Bauwahn des Feudalismus und seine Ausschweifungen sehr gutgetan. Hoffentlich können das später auch die Nachfahren heutiger Baulöwen sagen.

Loire-Tal – Assoziationen von Kunst und Wein, geistigen und leiblichen Genüssen. Es gibt viel zu entdecken, seien wir bereit! Nicht zu täglichen Marathonläufen von Château zu Château, sondern eher für die bacchantischen Tafeln. Alle großen Sehenswürdigkeiten können Sie sowieso nicht in einem Rutsch bewältigen, das Loire-Tal eignet sich nicht fürs Fast-Seeing. Aber Sie müssen jeden Tag essen und trinken, und wir werden Ihnen behilflich sein, daß Sie es landesgemäß tun. Genießen, nicht konsumieren.

Kennen Sie Loches? Die kleine Stadt weit weg von den berühmten Ufern? Eine lebendige, heitere Form des Mittelalters. Oder Vendôme, Châteaudun und Romorantin? Wir werden Sie auch in die Seitentäler führen, zurück in die Stille, in die Beschaulichkeit.

Wie lebt so ein Land, das wie ein gigantisches Museum anmutet? Gibt es denn keine Unzulänglichkeiten, wie sie jeder von uns von zu Hause kennt? Keine grauen und schwarzen Flecke, die man besser umfährt? Man sollte alles gesehen haben, auch die Industriezonen von Angers, Tours oder Orléans, die wüsten Peripherien der Städte mit ihren High-Tech-Parks, Supermarkt- und Möbelzentren, den Wohnsilos für die Nordafrikaner, auch die Modelle von den gigantischen Staustufen, mit denen der Staat die Loire zähmen wollte. Letzteres haben Millionen von Anwohnern gerichtlich verhindert. Es war die erste Großtat in Sachen Naturschutz in Frankreich. Die Anwohner wollten nicht, daß man ihren Fluß vergewaltigt. Naturbewußtsein, das Leuten links und rechts der Loire zuvor nicht immer so vordringlich erschien. Nehmen wir die Gâtine, eine flache, sandige Ebene zwischen La Loire und Le Loir. Eine triste Ecke, karg, sandig, schroff. Im Mittelalter stand hier ein mächtiger Ulmen- und Eichenwald. Zwei Jahrhunderte brauchten die Holzknechte, dann war er weg. Die unersättliche Baugier der Feudalherren, der Holzbedarf für Fässer und Scheuern, das wilde Roden für neue Nutzflächen der Bauern hatten ihm den Garaus gemacht.

Die Klage des Renaissancedichters Pierre de Ronsard ging in die französische Literaturgeschichte ein: *Ecoute, bûcheron, arreste un peu le bras!* (Hör zu, Holzfäller, laß für eine Weile deinen Arm sinken!)

Die Könige und Grafen, die Herzöge und Barone, sie herrschen nicht mehr auf ihren Schlössern. Einige wohnen dort noch und leben vom Eintrittsgeld (sehr teuer!) ganz gut. Etliche Châteaux haben andere Herren bekommen, Rechtsanwälte, Immobilienhändler oder hochbezahlte Zahnärzte aus Paris. Auf Chenonceaux residiert ein Chocolatier und im Anjou der Filmstar Gérard Depardieu. Das ist das Leben an der Loire. Ganz normal. Man gewöhnt sich so schnell an die Schönheit von Architektur und Natur. Sie wird selbstverständlich – wie der allabendliche Aperitif in einer kleinen Bar, wie die Abendruhe über dem Fluß, wie das Gekreische der Kormorane. Und irgendwann mag man gar nicht einmal mehr auf Renaissancefassaden schauen, sondern sich nur der Stille hingeben, dem Traum, wie das wohl alles vor tausend Jahren ausgesehen hat und wie es in tausend Jahren aussehen wird.

Schließlich haben wir uns an einer Wiese niedergelassen zu einem kleinen Picknick mit Weißbrot, Rillettes, etwas Käse und einem Schluck Bourgueil. Wir blinzeln hinüber zur Loire, zum Schatten der riesigen Kühltürme eines Atomkraftwerks – und denken an die alten gallischen Druiden, die vor 2000 Jahren zu Stein und Baum, Gras und Fluß gebetet und jegliche Schändung ihrer Umwelt archaisch geahndet haben. Da möchte man – doch wohl nur verwirrt vom Wein? – für einen Moment die Augen schließen und davon träumen, wie hier die alten Kelten wohl Recht gesprochen hätten.

Typische Loire-Landschaft – der Blick von Schloß Amboise

Geschichtstabelle

10 000–800 v. Chr.
Erste Siedlungen von Altsteinzeitmenschen; Megalithanlagen; Kelten

59–51 v. Chr.
Cäsar erobert Gallien, die Loire kommt zur Provinz Lugdunensis (Lyon)

250–397 n. Chr.
St. Gatien, Bischof von Tours, beginnt mit der Christianisierung; Martinus, Bischof von Tours, später der hl. Martin, stirbt in Candes

481
Der fränkische Merowingerkönig Chlodwig erobert Gallien

732
Karl Martell schlägt die Araber bei Tours und Poitiers

821
Kaiser Ludwig der Fromme, Sohn Karls des Großen, läßt die Loire eindeichen

987
Hugo Capet wird König, die Dynastie der Kapetinger herrscht bis 1328

1152
2. Konzil von Beaugency

1305
Gründung der Universität Orléans

1340
Beginn des Hundertjährigen Krieges zwischen Frankreich und England

1431
Jeanne d'Arc wird als Ketzerin in Rouen verbrannt

1558
König Heinrich III. läßt den Herzog von Guise im Schloß von Blois ermorden

1560
Protestantische Verschwörung von Amboise

1598
Heinrich IV. erläßt das Toleranzedikt von Nantes, das Ludwig XIV. 1685 aufhebt

1724
Fertigstellung der großen Loire-Brücke in Blois

1789
Französische Revolution

1790
Herzogtümer und Grafschaften werden abgeschafft, ganz Frankreich wird in Départements eingeteilt

1832
Das erste Dampfschiff befährt die Loire

1870
Deutsch-französischer Krieg, Gefechte bei Orléans

1940–1944
Deutsche Truppen besetzen die Loire

1974
Inbetriebnahme der Autobahn A 10 nach Paris

1990
Bürger verhindern Staubecken am Oberlauf der Loire

1994
Der Bau des Loire-Staudammes Serre de la Fare wird endgültig abgelehnt

JHESUS

Von Angeln bis Ziegenkäse

Genießen Sie Ferienfreuden auf den Spuren von Künstlern und Königen, Heiligen und Kurtisanen

Agnès Sorel
Die erste offizielle Mätresse der französischen Geschichte war eine ungekrönte Königin. Anfang des 15. Jhs. fiel sie König Karl VII. unter den Hofdamen seiner Gemahlin Marie von Anjou auf. Sie wurde seine Geliebte. Sie waren ein seltsames Paar: der häßliche, plumpe Herrscher und die junge, schöne und temperamentvolle Frau. Sie residierte zunächst mit dem König auf Schloß Chinon, wurde aber vom Thronfolger, dem späteren Ludwig XI., vertrieben. Er soll sie sogar öffentlich geohrfeigt haben. Agnès zog aufs königliche Schloß von Loches. Karl VII. war seiner Geliebten völlig hörig, obwohl er mit seiner Frau 14 (!) Kinder gezeugt hatte. Agnès wurde die einflußreichste Figur im Königreich. Und ihre Ratschläge waren von ausgeprägter politischer Klugheit.

Die kapriziöse junge Frau gab allerdings das Geld mit vollen Händen aus. Sie liebte den Prunk und die extravagante Mode. *La favorite* trug orientalische Seide, Wäsche aus Goldbrokat, Mäntel aus königlichem Hermelin und teuren Schmuck. Auch durch Proteste des Bischofs Jean Juvenal ließ sie sich nicht einschüchtern, sie bedachte die geistlichen Herren sogar mit großzügigen Schenkungen – mit einem Hintergedanken: Agnès wollte in der Stiftskirche von Loches beigesetzt werden. Als sie 1450 völlig unerwartet an einer »Magenverstimmung« starb, wollten die Kirchenfürsten den Leib einer »Sünderin« doch nicht in ihrem Dom dulden. Sie baten Ludwig, mittlerweile König, um die Überführung ins Schloß. Der erklärte sich einverstanden – vorausgesetzt, die Schenkungen der Sorel gingen auch in königlichen Besitz. Von da an war die »Sünderin« vom Bischof akzeptiert: Agnès Sorel wurde in der Stiftskirche begraben.

Das Denkmal an der Place St-Firmin in Beaugency erinnert an Frankreichs Nationalheilige Jeanne d'Arc

Angeln
Die zahlreichen Gewässer des Loire-Tales sind ungewöhnlich artenreiche Fischgründe: Man

findet Weißfisch, Hecht, Karpfen, Schleie, Zander, Barsch, Aal, Lachs, Gründling, Plötze, Forelle, Wels, Meeräsche, Neunauge und Maifisch. Den Angelschein *(permis de pêche)* erhalten Sie bei den Angelvereinen des jeweiligen Départements *(Association de Pêche et de Pisciculture).* Informationen in Angelfachgeschäften, den Touristikbüros der jeweiligen Gemeinden und auf dem Bürgermeisteramt.

In dunklen Gewölben reifen die beliebten Zuchtchampignons

Champignons

In der Region um Saumur werden 75 Prozent aller Speisepilze Frankreichs geerntet: Das sind im Jahr 100 000 Tonnen, ein Zehntel der Weltproduktion. Seit dem späten 17. Jh. werden in Frankreich Pilze gezüchtet. Gute Bedingungen boten die dunklen, feuchten Steinbrüche um Paris, so daß die Pilze noch heute *Champignons de Paris* heißen, obwohl die Produktion seit Napoleon fast ausschließlich von der Loire kommt. Die Höhlengärten um Saumur, in denen der Tuffstein für Kathedralen und Schlösser gebrochen wurde, boten genügend Platz sowie ideale klimatische Bedingungen. Die unterirdischen Gänge und Gewölbe haben eine Gesamtlänge von 800 km. Hier gedeihen die Pilze bei einer konstanten Temperatur von 12 Grad und 90 Prozent Luftfeuchtigkeit. Frühmorgens werden die Champignons geerntet, damit sie noch am gleichen Vormittag auf den Markt und mittags auf den Tisch kommen.

Dampfschiffahrt

Die Loire, mit 1012 km Frankreichs längster Fluß, war früher einer der wichtigsten Verbindungswege des Landes. Allerdings war er durch das Hochwasser im Frühjahr und das Niedrigwasser im Hochsommer nur acht Monate im Jahr schiffbar. Als im vergangenen Jahrhundert die ersten Dampfschiffe eingesetzt wurden, erlebten die Städte an der Loire einen wirtschaftlichen Boom. Brauchten die Segler früher von Orléans nach Nantes sechs bis sieben Tage (flußaufwärts sogar je nach Wind bis zu drei Wochen), so schafften es die Dampfer in zwei Tagen bis zur Mündung. Zeitweise machten in Orléans jede Woche bis zu 200 Schiffe fest, über 100 000 Passagiere wurden befördert. Mit dem Ausbau der Eisenbahn und der zunehmenden Versandung des Flusses war die Loire-Schiffahrt jedoch nicht mehr konkurrenzfähig. Bereits 1862 stellte die letzte Dampferlinie in Orléans ihren Dienst ein. Heute ist nur noch der 48 km lange Mündungsbereich der Loire zwischen Nantes und St-Nazaire schiffbar.

Französisch

In der Touraine wird das beste Französisch gesprochen – ideal, um Sprachkenntnisse aufzubessern. Und Anfänger müssen sich nicht mit Dialekten (in anderen Landesteilen stark verbreitet) herumschlagen. Von hier stammen auch ungewöhnlich viele große Literaten: Rabelais und Balzac, Ronsard, Du Bellay und AlainFournier.

Ginster

Das Wahrzeichen der Grafen von Anjou. Gottfried (Geoffroy) V. steckte sich im 11. Jh. einen Ginsterzweig *(planta genista)* an den Helm. Fortan hieß das Geschlecht Plantagenet. Gottfrieds Sohn Henri wurde 1154 englischer König. Durch seine Heirat mit Eléonore von Aquitanien reichte sein Reich von der Britischen Insel bis an die Pyrenäen. Sein Sohn war Richard Löwenherz, ebenfalls König von England. Beide starben in Chinon.

Graffiti

Erschütternde Schriftzeichen im Bergfried der gewaltigen Königsburg von Chinon. Anfang des 13. Jhs. diente der Donjon, in dem über 100 Jahre später Jeanne d'Arc übernachten sollte, als finsteres Verlies. Nach einer Auseinandersetzung zwischen dem Templerorden und dem französischen Königshaus waren von 1308 bis 1309 der Templer-Großmeister Jacques de Molay und weitere Ritter eingekerkert. Sie schrieben ihre Leiden an die Gefängniswand. Der streitbare Orden, der sich vor allem bei den Kreuzzügen blutig hervorgetan hatte, wurde 1312 nach einem Inquisitionsverfahren vom französischen Papst Clemens V. aufgelöst. Jacques de Molay und seine Mitgefangenen wurden auf Befehl König Philipps des Schönen 1314 in Paris verbrannt.

Höhlenmenschen

Zwischen Langeais und Vouvray, Saumur und Montsoreau sowie südlich von Saumur können Sie am Loire-Ufer die älteste noch funktionierende Wohnform des Menschen sehen. Sie fahren an Hunderten von Höhlen vorbei, die noch immer bewohnt werden. Doch hausen hier beileibe keine Penner oder Landstreicher. Die Höhlen, entstanden durch den Abbau von Tuffstein, sind teilweise begehrte Zweitwohnungen betuchter Stadtbürger.

Die Höhlen waren schon seit der Zeit der ersten Christenverfolgungen bewohnt. Während des Hundertjährigen Krieges zwischen Frankreich und England dienten sie als Verstecke, Gefängnisse und Waffenlager. Hier trafen sich heimlich Satanssekten, woraufhin das Konzil von Toulouse 1226 die Zerstörung der Höhlen anordnete. Auch im 16. Jh. sollen schwarze Messen in den Tuffsteinfelsen gefeiert worden sein. Hauptsächlich waren in ihnen aber Werkstätten und Schulen untergebracht. Noch heute dienen sie als Weinlager, Pilzkeller und Wohnungen – ja, sogar als richtige Bauernhöfe. Da ihre konstante Temperatur nur 13 bis 15 Grad beträgt, haben die Höhlenhäuser Lüftungsschächte und Kamine, die aus dem Berg ragen.

Jungfrau
Jeanne d'Arc ist Frankreichs legendäre Figur schlechthin. Das Bild von der Jungfrau mit glänzender Rüstung und Schwert ist ein Mythos von Tapferkeit und Reinheit, Jeanne ist Heldin und Heilige der Nation. Man sagt, sie sei ein Schäfermädchen oder Magd gewesen. Fest steht, daß sie als Tochter des Jacques d'Arc am 6. Jan. 1412 in Domrémy auf der lothringischen Seite der Vogesen geboren wurde, ein Kind des Hundertjährigen Kriegs zwischen England und Frankreich. Ihre Eltern müssen wohlhabend gewesen sein, dafür spricht das guterhaltene Geburtshaus. Himmlische Stimmen sollen ihr den Auftrag gegeben haben, das Land von den Engländern zu befreien. Im Alter von 17 Jahren ritt das Mädchen los, um in Chinon den Dauphin (Thronfolger) Karl zur Krönung zu überreden. Der Sohn des geisteskranken Königs Karl VI. glaubte nicht an seine königliche Legitimität, nicht ganz zu Unrecht: Seine Mutter Isabell von Bayern (1371–1435) hatte zu viele Liebhaber.

Jeanne zog, unbeschadet von Räubern und Briganten, durch das zerrissene, leidgeprüfte Land – für die damalige Zeit bereits ein Wunder und ein Wink Gottes für ihren göttlichen Auftrag. Der Thronfolger erwartete sie bereits. Aber er wollte sie prüfen. Im Großen Saal von Chinon drängten sich über 300 Höflinge, ein anderer trug Karls Gewand. Jeanne, erschöpft von einem zweitägigen Fasten, wußte nicht, wie der Dauphin aussah, aber sie erkannte ihn sofort, und als er leugnen wollte, fiel sie vor ihm nieder: »Mein Name ist Jehanne, die Jungfrau. Der König des Himmels läßt Euch durch mich verkünden, daß Ihr in der Stadt Reims geweiht und gekrönt werdet.« Auch die Zweifel an der Legitimität des Thronfolgers räumte sie gleich mit aus. Jesus persönlich habe ihr gesagt, er sei der Erbe Frankreichs und ein wahrer Königssohn. Nun mußte sich das Mädchen noch auf seine Jungfräulichkeit untersuchen und einen Hexentest über sich ergehen lassen. Beides fiel zur Zufriedenheit der Prüfer aus, und Prinz Karl entschied, ihr eine kleine Streitmacht zum Kampf gegen die Engländer zur Verfügung zu stellen. Jeanne ritt nach Tours, kaufte sich eine Rüstung und übernahm in Blois das französische Heer (3000 Mann).

An seiner Spitze zog sie nach Orléans, das von den Engländern seit einem halben Jahr belagert wurde. Sie befreite die Stadt am 4. Mai 1429, obwohl sie von einem Pfeil getroffen wurde, und eroberte eine englische Stellung nach der anderen. Am 17. Juli wurde in Reims Prinz Karl zum König von Frankreich gekrönt. Doch anstatt nun mit Jeanne das noch besetzte Paris zu nehmen, zog sich Karl wieder an die Loire zurück. Die Jungfrau versuchte es auf eigene Faust, wurde erneut verwundet – und verlor. Bei Compiègne fiel, sie burgundischen Truppen in die Hände, die mit den Engländern verbündet waren; sie wurde gegen eine hohe Summe an ihre erbitterten Feinde ausgeliefert. In Rouen wurde ihr der Prozeß wegen Hexerei und Ketzerei gemacht, doch Karl VII. rührte keinen Finger für ihre Rettung. Angesichts des drohenden Feuertodes leugnete Jeanne zuerst ihre göttliche Berufung, widerrief dann aber und wurde schließlich am 30. Mai 1431 im Alter von 19 Jahren auf dem Scheiterhaufen in Rouen verbrannt.

20 Jahre später eroberte Karl VII. Rouen, das Urteil wurde zurückgenommen. Jeannes Tod war kirchlicher Justizmord. Doch erst 1920 wurde die Jungfrau von Orléans vom Vatikan heiliggesprochen.

Kernkraft

Die Loire ist der »atomreichste« Fluß Frankreichs. Die Meiler der vier riesigen Kernkraftwerke Belleville, Dampierre, Saint Laurent und Chinon werden mit ihrem Wasser gekühlt – wie Umweltschützer sagen, eine große Katastrophe. Sie fürchten eine Erhöhung der Wassertemperatur, die Fauna und Flora des Flusses schädigen könnte. Auch optisch vergewaltigen die Anlagen die Auenlandschaft. Die Kraftwerke versorgen große Teile des Landes mit Strom – hauptsächlich den Großraum Paris.

Leonardo da Vinci

Das italienische Universalgenie verbrachte seine letzten Jahre an der Loire. König Franz I. hatte ihn mit einem Jahressalär von 700 Dukaten und dem Titel »Erster Maler und Konstrukteur des Königs« über die Alpen nach Frankreich gelockt. Leonardo brachte seine Gemälde »Mona Lisa«, »Johannes der Täufer« und »Die heilige Anna« mit. Er zog auf den Landsitz Clos-Lucé in Amboise. König Franz wollte auch das »Abendmahl« erwerben, doch das Fresko konnte nicht mehr von den Mauern der Mailänder Kirche Santa Maria delle Grazie entfernt werden. Leonardo entwarf den Ablauf von Festlichkeiten, Bühnentricks oder Feuerwerke für seinen Herrscher, aber auch den Plan eines Kanals von Tours nach Lyon. Er malte Flußlandschaften und die Spätwerke »Vision vom Weltuntergang« und »Sintflut«. Er starb 1519 in Amboise im Alter von 67 Jahren.

Moelleux

Weicher, weißer Vouvray-Wein, süß ausgebaut. Kann sehr alt werden – bis zu 100 Jahre. Kenner schmecken Honig, Akazienblüten, Anis und sogar Muskat aus diesem Tropfen, der jedoch nicht die Klasse und Schwere (aber auch nicht die Preise) des Sauternes aus dem Bordelais erreicht.

Oppidum

Eine keltische Stadt, Sitz eines Stammes mit Adel, Handel, Stadtmauern, Gericht. Meistens wurde das Oppidum nach der römischen Eroberung als römisches Castrum ausgebaut – wie in Chinon.

Quelle und Mündung

Aus welcher Quelle am 1551 m hohen Vulkankegel im Département Ardèche, nur 150 km vom Mittelmeer entfernt, die Loire entspringt, kann nicht genau gesagt werden. Mehrere Bäche, die sich später vereinigen, konkurrieren miteinander. 55 km westlich von Nantes, Hauptstadt des Départements Loire-Atlantique (die im MARCO POLO Band »Französische Atlantikküste« behandelt wird), mündet die Loire in den Atlantik.

Rabelais
Der Dichter, Satiriker, Arzt und Gourmet François Rabelais wurde 1494 in La Devinière bei Chinon geboren und starb 1553 in Paris. Er hat den Begriff »Loire-Tal, der Garten Frankreichs« geprägt. Seine beiden Romanfiguren, die Riesen Gargantua und Pantagruel, triumphieren über ihre brutalen adligen Gegenspieler mit überirdischen Kräften. Rabelais ging in die Literaturgeschichte als lebensfroher, genußfreudiger Bonhomme ein. Noch heute schwört die Bruderschaft *Les Bons Entonneurs Rabelaisiens* bei ihren Gelagen in den Höhlen des Burgfelsen von Chinon den heiligen Eid, den Rabelaisschen Geist der Toleranz und Lebensfreude allzeit zu pflegen, vorzugsweise in den »Tempeln der göttlichen Flasche«.

Salicornes
In den Salzmarschen an der Loire-Mündung wird Salicorne angebaut, eine wildspargelähnliche Pflanze. Die delikate Spezialität wird gedünstet als Frischgemüse oder eingelegt wie Cornichon-Gurken. Salicornes-Saucen schmecken besonders gut zu Fisch und Schaltieren.

Son et Lumière
Wird ab Juni von fast allen Loire-Schlössern angeboten, ein allabendliches Licht-und-Ton-Spektakel. Die Châteaux werden in buntes Scheinwerferlicht gehüllt, dazu kommen über Lautsprecher Musik, Anekdoten und Histörchen aus der Geschichte des jeweiligen Schlosses. Manchmal treten Schauspieler in traditionellen Kostümen zu einem richtigen Bühnenstück auf.

Tennis
Im 16. Jh. eine beliebte sportliche Betätigung bei Hof: der Tennisvorläufer *jeu de paume.* Die Höflinge schauten von einer Galerie zu. Die Könige Franz I. und Heinrich IV. waren begeisterte Anhänger dieses Sports. 1596 gab es allein in Paris über 200 Jeu de Paume-Plätze. Es wurde mit einem Schläger oder mit der bloßen Hand im Freien gespielt, auch mit Schläger und Handschuh in der Halle.

Tierwelt
Es ist wie ein Wunder – das Loire-Tal ist eines der letzten europäischen Paradiese für Tiere, die woanders längst ausgestorben sind. Biber, früher in ganz Zentralfrankreich verbreitet (der Fluß Beuvron wurde sogar nach dem fleißigen Nagetier benannt), verschwanden um 1930 und tauchten 1974 im Loire-Tal wieder auf. Sie haben sich seither gut vermehrt, heute kann man häufig am Flußufer einen Biberbau sehen. Auf den zahlreichen Inseln und Sandbänken des Flusses ist auch der europäische Nerz wieder anzutreffen, eine sehr seltene Marderart, die sich von Fröschen, Fischen und Wasserratten ernährt. Der Fischreichtum des Flusses hat sogar den Fischotter wieder heimisch gemacht. Fast überall in Mitteleuropa ist der Feuersalamander, das Wappentier Franz' I., ausgestorben oder sehr selten geworden: Im mittleren Bereich der Loire gibt es wieder eine ausreichende Population dieser Lurchart.

Umweltschutz
Umweltschutzorganisationen wie »SOS Loire vivante« ist es zu

Rebhügel, so weit das Auge reicht – um Sancerre wächst ein berühmter Tropfen

verdanken, daß die Loire der einzige Wildfluß Mitteleuropas bleibt. Nach etlichen Hochwasserkatastrophen sollte im Zentralmassiv, südöstlich von Clermont-Ferrand, der Fluß in einer zwölf Kilometer langen Schlucht gestaut werden: Trinkwasserreservoir und Hochwasserregulierungsbecken. Die Loire sollte durch verschiedene Staustufen gezähmt werden, damit sie industriell besser genutzt werden kann – mehr Kanal denn Fluß. Selbst die von Hochwasser geschädigten Anwohner waren gegen dieses Projekt. 1992 sollte der erste Staudamm in Serre de la Fare bei le Puy fertig sein. Bürgerproteste verhinderten den Bau, 1994 konnte das Milliardenprojekt endgültig gestoppt werden.

Vin de Pays

Der meistkonsumierte Wein auch an der Loire ist ein Landwein, dessen Herkunftsgebiet auf dem Etikett genannt werden muß. Meist ein ehrlicher, frischer Tropfen, an den man jedoch keine großen Qualitätsansprüche stellen darf. Von *Vin de Pays* dürfen bis zu 80 Hektoliter pro Hektar produziert werden.

Wunderheilung

Im Mittelalter eine Spezialität an der Loire. Die Mönche von Marmoutier hatten sogar die Gebeine des hl. Martin nach Tours entführt. Nun erzählt die Legende, daß an ihrem Prozessionsweg alle Kranken und Gelähmten geheilt wurden, sobald die Reliquie an ihnen vorbeikam. Zwei arme Behinderte, die von der Mildtätigkeit des Volkes gar nicht schlecht lebten, flohen entsetzt vor dem Wunder. Aber sie waren nicht schnell genug, die Prozession holte sie ein und heilte ihre Gebrechen. Von was sollten sie nun leben? Sie pilgerten als lebende Wunderbeweise den Fluß entlang, wurden beköstigt und umsorgt. Schließlich hatten sie genügend Almosen eingenommen, um bei Langeais eine Kapelle und ein Dorf zu gründen: La Chapelle-sur-Loire, bald ein florierender Pilgerort.

Ziegen

Das meistgehaltene Kleinvieh an der Loire. Jeder kleine Nebenerwerbsbauer hält ein paar von diesen anspruchslosen Tieren. Ihre Milch ergibt den beliebten *chèvre*, Ziegenkäse in allen Variationen.

Wie Gott in Frankreich

Man muß nicht immer im Sternelokal speisen – verwöhnen Sie sich mit einem ländlichen Picknick unter Uferweiden. Ein Loire-Wein gehört natürlich dazu

Wie war das mit den Unkenrufen, die französische Küche sei längst nicht mehr das, was sie mal war? Na klar, schlecht essen kann man überall, sogar in Frankreich. Doch dafür sind wir nicht an die Loire gefahren. Wir haben eine frische, unverfälschte Regionalküche gesucht – und haben sie gefunden. Von der deftigen Schwere des Burgunds bis zur herrlich leichten atlantischen Meerestiertafel in Küstennähe: ein Querschnitt durch die Spezialitäten des ganzen Landes. Es gibt freilich keine einheitliche Küche der Loire. Sie ist in die verschiedenen Regionen und Provinzen unterteilt, die der Fluß durchströmt. Im burgundischen Teil begegnen wir Spezialitäten wie *œufs en meurette* (pochierte Eier in Rotwein-Speck-Sauce), *jambon persillé* (gekochter Schinken in Petersiliengelee), *coq au vin* (Hühnchen in Rotwein), *anguilles en matelote* (Aal in Rotwein gesotten), Lende vom Charolais-Rind, *fromage blanc* (weißer Käse mit Zucker). Im Waldgebiet der Sologne stehen im Herbst Wildgerichte wie *lièvre* (Hase), *lapin de garenne* (Wildkaninchen), *chevreuil* (Reh), *sanglier* (Wildschwein) oder *marcassin* (Frischling), alle möglichen Pilzsorten sowie Ente, Fasan und Rebhuhn auf der Karte. In der Touraine begegnen wir einer bäuerlichen bis raffinierten Fleischküche, wobei immer wieder knackfrische Gemüse dazu gereicht werden: Spargel, Artischocken, Fenchel, Bohnen, Erbsen, junge Karotten, Grünkohlherzen, Salate in Nußöl. Typische Gerichte: *omelette gargamelle* (Eierkuchen mit Zwiebeln, Schalotten, Champignons, Milch, Crème fraîche, Butter, frischen Kräutern und Gruyère-Käse), *coq au sang* (Hähnchen im eigenen Blut geschmort), *poularde aux fines herbes* (Hühnchen mit Kräutern), *gigot de mouton* (Hammelkeule), *pintade* (Perlhuhn), *pigeonneaux* (Täubchen), *escalope de veau* (Kalbsschnitzel in Cremesauce), *noisettes de porc aux pruneaux* (Schweinemedaillons mit

Wein und Käse gehören für viele Kenner zu den kulinarischen Höhepunkten einer Frankreich-Reise

Backpflaumen, Sahne und Weißwein), *charbonnée* (Schweinenakken, Leber und Lunge mit Pilzen, Rotwein und Schweineblut gesotten) und *beuchelle* (in Madeira und Sahne getränkte Scheibchen von Kalbsniere, Bries und Pilzen im Blätterteig, mit Parmesan überbacken).

Erwähnt seien noch die Spezialitäten *rillons* und *rillettes. Rillons* sind Schweinebruststücke, die, im eigenen Schmalz gegart, kalt gegessen werden. Bei den *rillettes* wird das gleiche Fleisch zerfasert und mit viel Schweineschmalz vermengt. Ein Brotaufstrich für den Kalorienbedarf eines Bergarbeiters – aber es schmeckt einfach herrlich.

Die Loire, so gut wie unbeschifft, ist außergewöhnlich fischreich: Hecht, Barsch, Zander, Karpfen, Schleie, Brasse und natürlich Aal. Letzterer wird gerne mit *sauce poulette* (Eigelb, Weißwein, Pilze und Petersilie), in Gelee oder mit Backpflaumen gekocht serviert. Relativ seltene, aber unbedingt empfehlenswerte Spezialitäten sind der in jüngster Zeit wieder häufiger vorkommende Loire-Lachs und *lamproie* (Neunauge, ein aalähnlicher Fisch). Ab Orléans wird frisches Meeresgetier angeboten: Streifenbarben köstlich auf Fenchelzweigen gegrillt, *pageot* (Rotbrassen), *daurade* (Goldbrassen), *rascasse* (Drachenkopf), *mulet* (Meeräsche), *loup* (Wolfsbarsch), *lotte* (Seeteufel), *sole* (Seezunge) und *St. Pierre* (Petersfisch). Ein Tip: In Lokalen mit ausgewiesener Regionalküche auf *friture* achten – das sind fritierte Maifische *(alose)*, eine recht seltene Delikatesse, die samt Kopf und Schwanz gegessen wird.

Bei den Käsesorten der Loire sollten Sie den Ziegenkäse *(chèvre)* beachten. Sie kaufen ihn am besten auf einem Markt, direkt vom Erzeuger, im Supermarkt sollten Sie auf den Hinweis *fermier* auf der Verpackung achten, eine Garantie, daß der Käse nicht industriell hergestellt wurde. Der berühmteste aller Loire-Chèvres ist der *crottin de Chavignol* (Ziegendreck) aus einem kleinen Dorf bei Sancerre: ein runder Handkäse mit harter Schimmelhaut. *Chouzé* ist ein milder Käse, den etwas kräftigeren *Sainte-Maure* erkennen Sie an den Strohhalmen, die ihn der Länge nach umgeben. Der *Valençay* wird mit Holzkohlenstaub bestreut, der *Olivet-au-Foin* in Heu eingewickelt.

Weine der Loire

Die weißen Sauvignon-Weine, die bei Nevers erzeugt werden, sind in ganz Frankreich berühmt. Aufgrund der Bodenbeschaffenheit hat dieser Wein seinen typischen, unverwechselbaren »Rauchgeschmack«. Er heißt deswegen *Pouilly Fumé,* man sollte ihn nicht unter drei Jahren trinken.

Sancerre, als bester Loire-Wein gerühmt, ist leider ein wenig zum Modegetränk verkommen. An den Hängen der hübschen burgundischen Nachbarstadt von Pouilly-sur-Loire wurde einfach zuviel Wein erzeugt, um die gigantische Nachfrage nach diesem weißen Sauvignon zu befriedigen. Dabei sank – die alte Regel – natürlich die Qualität, die meist vom Preis unverhältnismäßig übertroffen wurde. Das hat sich in jüngster Zeit etwas gebessert, und wir bekommen wieder einen Sancerre, der seinen Namen verdient. Ein äußerst eleganter, erdig-würziger Wein, der ideale Begleiter zu Fisch oder Meeresfrüchten. In und um Sancerre wird auch ein Rotwein gekeltert, von dem schon König Henri IV vor 400 Jahren geschwärmt haben soll: »Das ist der beste Wein, den ich je getrunken habe. Wenn ihn jeder im Königreich kosten könnte, hätten wir bald keine Religionskriege mehr.«

Um Orléans wird nicht mehr viel Wein angebaut. François Villon war ein großer Liebhaber dieser Tropfen, doch schon im späten Mittelalter verlor die Region den Konkurrenzkampf gegen Bordeaux. Immerhin werden hinter alten Steinwällen Gris-Meunier- und Chardonnay-Trauben angebaut, die einen herrlich frischen weißen *perlé*-Wein ergeben, ähnlich wie der Cheverny, eine rassige Rarität aus der Sologne, der aus der Romorantin-Traube gekeltert wird.

Weißwein von der Chenin-Blanc-Rebe ist fruchtig und spritzig, »ein Wein wie Taft«, urteilte Rabelais. Vouvray wird trocken, halbtrocken und süß ausgebaut. Das gleiche gilt für den Montlouis. Beide Weine werden vornehmlich in Kalkfelsenkellern gelagert.

Im Bourgueil werden gehaltvolle Rotweine aus der Cabernet-Franc-Traube gewonnen, mit dezentem Himbeeraroma. Dem Bourgueil – die berühmteste Lage ist der »Saint Nicolas de Bourgueil« – werden geheimnisvolle Kräfte nachgesagt, und noch im 19. Jh. wurde Bourgueil-Wein zur Bekämpfung von Schwermut ärztlich verordnet.

Chinon, ein charaktervoller Rotwein aus der Cabernet-Franc-Traube kann bis zu 15 Jahre gelagert werden. Er hat ein fruchtiges Aroma, das Fachleute an Veilchen erinnert.

In der Touraine wird ein frischer roter Landwein gekeltert, der an den Beaujolais erinnert. In der Tat wird er auch aus der Beaujolais-Traube Gamay erzeugt.

Saumur ist bekannt für trockene Weißweine von der Chenin-Blanc-Rebe und den roten Saumur Campigny. In den Kalksteinkellern wird auch ein vorzüglicher Sekt hergestellt, der Saumur Mousseux und der Crémant de Loire.

Fruchtige und milde Roséweine stammen aus dem berühmten Anbaugebiet Anjou, in dem die Cabernet-Rebe gut gedeiht. Auch ein *vin gris* wird hergestellt, der Cabernet de Saumur, trockener und heller als der beliebte Rosé d'Anjou.

Der wohl bekannteste Wein von der Loire ist der Muscadet aus den Tälern der Nebenflüsse Maine und Sèvre, gekeltert aus der Melon-Traube. Die Produktion liegt bei über 30 Mio. Flaschen pro Jahr. Mal essigähnlicher Sauerampfer, mal ein herrlich trockener, spritziger Weißwein, ideal zu Austern und Krustentieren. Um Fehlkäufen vorzubeugen, nur Flaschen mit der Bezeichnung *Appellation Muscadet de Sèvre-et-Maine, mis en bouteille sur lieu à la propriété* auswählen.

Bei Nantes wird der Gros Plant aus der Folle-Blanche-Traube gekeltert. Noch trockener und spritziger als Muscadet, paßt er sehr gut zu Fisch, obwohl ihn etliche Weinexperten ablehnen. Vermutlich ist er zu preiswert.

Antiquitätenjagd und Wein vom Winzer

Der Verführung der Feinkostgeschäfte ist kaum zu widerstehen, und der Schloßbesuch bleibt mit einem schönen Bildband in bester Erinnerung

Man kann sich kaum bremsen, wenn man das Lebensmittelangebot sieht. Das meiste ist leider leicht verderbliche Ware, die noch am gleichen Tag verzehrt werden sollte.

In den größeren Städten wie Tours, Orléans oder Angers gibt es tägliche Märkte *(les halles)*. Von hier kann man auf der Heimreise frisch und preiswert einige schöne Gemüsesorten wie Artischokken, Spargel, Knoblauch oder Schalotten mitnehmen. Aber auch Honig, ein Gläschen Salicornes (eingemachte Salzpflänzchen), im Herbst frische Pilze, sonst eingelegte, Wildpastete aus der Sologne, Eßkastanien, Enten- und Gänse-Confits oder grobkörniges Meersalz sind sehr empfehlenswert. Auch dem Käseangebot ist schwer zu widerstehen. Ein Tip: Nehmen Sie im Auto eine Plastikbox für den Käsekauf auf der Heimfahrt mit!

Flohmärkte und Antiquitätengeschäfte, wie hier in Nevers, laden Sammler zu Entdeckungen ein

Für Autoreisende lohnt es sich, ein paar Flaschen oder Kartons Wein zu kaufen.

Souvenirs, freilich auch allerlei Tand, finden Sie in den Trödelläden. Es soll aber immer vorkommen, daß man dort ein Schnäppchen macht. Die Antiquitätengeschäfte haben das gleiche Preisniveau wie bei uns. Hübsche Mitbringsel für Kunst- und Architekturinteressierte gibt es in den Billetträumen der zahlreichen Schlösser, Museen und Klöster: Bücher, Fotobände, Dias, in Amboise T-Shirts mit Weisheiten des hier verstorbenen Leonardo da Vinci. In fast jedem größeren Ort wird Keramik angeboten, die teilweise wesentlich hübscher und auch preiswerter als zu Hause ist. Das gleiche gilt für Korbwaren. Ungleich viel mehr Geld müssen Sie für Fayencen aus Nevers und Gien anlegen.

Angler sollten unbedingt die Schaufenster der zahlreichen Geschäfte für Sportfischerei beachten, die Auswahl an Geräten ist riesengroß, die Preise günstig.

Feuerwerk am Schlösserhimmel

Son et Lumière heißt die große Touristenattraktion, aber es gibt auch Autorennen, Kirchenkonzerte und viele Winzerfeste

GESETZLICHE FEIERTAGE

1. Januar
Ostermontag
1. Mai
8. Mai *Ende des Zweiten Weltkriegs*
Christi Himmelfahrt
Pfingstmontag
14. Juli ★ *Nationalfeiertag*
15. August *Mariä Himmelfahrt*
1. November *Allerheiligen*
11. November *Ende des Ersten Weltkriegs*
25. Dezember *Weihnachten*

FESTIVALS UND LOKALE VERANSTALTUNGEN

Januar
Angers: *Filmfestival*
Angers: *Weinmarkt*
★ *Winzerfest des hl. Vinzenz* (Schutzpatron der Weinbauern) im Sancerrois, in der Touraine, im Anjou und Nantais

Februar
Angers: *Honigfest*
Chalonnes-sur-Loire: *Weinfest*, am letzten Wochenende
Jargeau: *Karneval*
Loudun: *Weinfest*
Saumur: *Weinfest*, am zweiten Wochenende

März
Angers und Arville: *Festival du Théâtre Masqué*
Angers: *Foire aux Croutes* (Antiquitätenmarkt)
Blois: Schauspiel im Schloß: *Les Esprits aiment la nuit*, bis Ende Sept.
Saumur: *Weinmarkt* in Thouars
St-Benoît-sur-Loire: *Karsamstags-Messe* in der Klosterkirche

April
Angers: *Pferderennen*, am 1. So
Le Mans: *24-Stunden-Motorrad-Rennen* auf dem Bugatti-Ring

Mai
Angers: *Volksfest Saint-Michel* am 1. So, *Pferderennen* am 2. So, *Folklorefest* am letzten So des Monats
Chambord: *Festival de Chambord*. Musik-, Tanz- und Theateraufführungen, bis Ende Juni
★ Orléans: *Fêtes de Jeanne d'Arc*, historisches Spektakel mit wunderbaren Kostümen, 7./8. Mai

Historisches Markttreiben in Chinon

MARCO POLO TIPS FÜR FESTE

1 Fest der Jeanne d'Arc
Alljährlich dankt die Stadt Orléans der Jungfrau für die Befreiung – ein prächtiges mittelalterliches Fest (Seite 25)

2 Fêtes de Louis XII. in Blois
Farbiges Schauspiel in den Kostümen der Renaissance (Seite 26)

3 Mittelalter in Chinon
Buntes Treiben in den schmalen Altstadtgassen zwischen Fluß und Schloß (Seite 26)

4 Knoblauch- und Basilikumfest
Tours wird zum internationalen Treff der Schlemmer (Seite 26)

5 St.-Vinzenz-Winzerfest
Alte Traditionen und neuer Wein erwärmen Herz und Sinne (Seite 25)

6 Nationalfeiertag
Fast überall wird am Vorabend (13. 7.) ungezwungen und originell gefeiert (Seite 25)

Saumur: *Internationale Pferdeschau,* am ersten Wochenende
Châteauneuf-sur-Loire: *Rhododendronfest,* Pfingsten

Juni
★ Blois: *Fêtes de Louis XII.* Historisches Schauspiel im Schloß, bis Sept.
Chinon: *Fest der Entonneurs Rabelaisiens,* Vorlesungen der Rabelaisianischen Trinker
Chinon: *Charles VII, l'enfant maudit,* Historienspiel im Schloß, Fr und Sa bis Sept.
Le Lude: *Großes Laienschauspiel,* 350 Darsteller im Schloß und Feuerwerk nach jeder Vorstellung, Juni–Sept. Di (außer Juli), Fr und Sa
Sully-sur-Loire: *Internationales Festival von Sully, Orléans und Loiret* (Musik, Klassik, Folklore, Jazz) bis Ende Juli
Tours: *Fêtes Musicales de Touraine* (Musikfest) und *Florilège Vocal de Tours* (Chorfestival)
Le Mans: *24-Stunden-Autorennen*

Juli
Amboise: *Festival Estival,* Theater und Konzerte, bis Aug.;
Amboise: *Festival d'Orgue,* Orgelkonzerte
Angers: *Festival d'Anjou,* Theater und Konzerte
Champigny-sur-Veude: *Fête du Moyen Age*
Chédigny: *Leur faux levée.* 80 Laiendarsteller spielen das Leben eines Dorfes im 18. Jh., bis Aug.
Doué-la-Fontaine: *Rosenfest*
Loches: *Festival de Théâtre Musical*
Olivet bei Orléans: *Féerie*
Nantes: *Musik- und Theaterfestival*
Le Puy-Notre-Dame: *Wein- und Pilzfest,* am ersten Sa
Saumur: *Die Kunst der Cadre Noir,* der Reiterelite der Armee, Ende Juli
Tours: ★ *Knoblauch- und Basilikumfest*

August
Chinon: ★ *Mittelalterliches Marktfest,* am ersten Wochenende

Montlouis: *Weinfest* (15. August)
Montoire-sur-le-Loir: *Internationales Folklore-Festival*, in der zweiten Woche
Rochefort-sur-Loire: *Folklore-Festival von Anjou*, in der Monatsmitte
Vouvray: *Weinfest* (15. Aug.)
Moulineuf: Berühmter *Trödelmarkt*

September
Amboise: *Apfelfest*
Angers: *Internationales Folk-Festival*
Château-du-Loir: Landwirtschaftsausstellung *Comice Agricole*
Fontevraud: Internationales Festival *Art et Lumière* in der Abtei, Monatsende
Saumur: *Art et Lumière*, Monatsende

Oktober
Angers: *Festival der Musik des 20. Jahrhunderts*
Azay-le-Rideau: *Apfelfest*
Bourgueil: *Kastanienfest*
Orléans: *Internationale Musikwochen*, Monatsende

Theater in Angers

Romorantin: *Journées gastronomiques de Sologne*, Monatsende

Dezember
St-Benoît-sur-Loire: *Mitternachtsmesse in der Weihnachtsnacht* (24. Dez.) in der Klosterkirche des Ortes

Alter Brauch am Heiligen Abend sind die *Naulets-Messen*: Trachtengruppen singen Weihnachtslieder in der alten Mundart des Anjou. In jedem Jahr in einer anderen Stadt oder Gemeinde. *Informationen Tel. 02 38 35 79 00*

Höfisches Leben – eine Orgie der Verschwendung

Der Hof eines französischen Königs des 16. Jhs. glich einer damaligen Großstadt. Er umfaßte an die 12 000 Personen. Dazu kamen 200 Adlige, die vier Monate am Hofe und den Rest des Jahres auf ihren Besitzungen lebten. König Franz I. hatte noch eine Schweizer, eine schottische und eine französische Garde. Zum Haushalt der königlichen Familien (jedes Mitglied hatte seinen eigenen) gehörten Dichter, Musikanten, Hofnarren, Falkner, Diener, Köche, Mundschenk, Barbiere, Leibärzte, Beichtväter etc. Die Schloßbibliothek von Amboise enthielt über 85 000 Bände. Weil die modische Kleidung der 12 000 Höflinge meist aus der königlichen Kasse finanziert wurde, verbot der König scharlachrote Seide und goldene Stickereien. Nur Prinzen hatten das Recht, roten Samt zu tragen, die Ritter durften nur ein einziges Gewand aus kostbarem Stoff besitzen. Gegen diese Kleiderordnung lief der Hof Sturm. Sie wurde schließlich zurückgenommen.

Selig besiegt von Küche, Kunst und Keller

Die hohe Kunst der Romanik zwischen sanften Hügeln – und Weingärten, immer wieder Weingärten

Eine Landschaft, die Schriftsteller anregt: das Flußtal, parallel dazu ein stiller Kanal, umsäumt und überdacht von Bäumen, wie eine dieser unvergleichlich beeindruckenden Schloßalleen; sanfte Hügel, manchmal von Rebzeilen streng und doch heiter in exakte Segmente geteilt, Dörfer mit efeubewachsenen Häusern und dem Duft der Weinfässer, dann wiederum Wälder, Heide, Seen, Einsamkeit.

Stolz spiegeln sich die Türme von Schloß Sully im Wasser

Das Aquarellhafte der Flußtäler von Loire und Cher bezaubert zu jeder Jahreszeit, und die sanfte Melancholie der Sologne-Eichen ist besonders reizvoll, wenn der Herbst den Tisch deckt. Gerade der richtige Auftakt für unsere Reise. Wir beginnen im Burgundischen mit seinen romanischen Klöstern und Kirchen, den weiten Aus-

Hotel- und Restaurantpreise

Hotels

Kategorie 1: ab 500 FF
Kategorie 2: 280–500 FF
Kategorie 3: bis 280 FF
Preise für zwei Personen im Doppelzimmer pro Nacht.

Restaurants

Kategorie 1: ab 230 FF
Kategorie 2: 120–230 FF
Kategorie 3: bis 120 FF
Preise für ein Menü mit drei Gängen ohne Getränk.

Wichtige Abkürzungen

av.	Avenue
bd.	Boulevard
FF	Französische Francs
pl.	Place

blicken, im Gespräch mit seinen ruhigen, jegliche Hektik verachtenden Menschen.

LA CHARITÉ-SUR-LOIRE

(115/F 5) Burgund pur. Jenseits des Flusses die Hügel des Nivernais. Die alte Brücke, die Flußinseln – und hohe Romanik. So ähnlich muß vor der Großen Revolution das Kloster Cluny ausgesehen haben. Die gleichen Türme, die gleichen Mauern, die gleiche Pracht – nur noch etwas gewaltiger. La Charité (5700 Ew.) – ein anspruchsvoller Name. Er bedeutet Barmherzigkeit. Benediktiner bauten ein Kloster, das schon 731 von Arabern zerstört wurde. Schließlich schenkte Guillaume von Nevers dem Abt von Cluny die Überreste der Abtei. Cluny war damals, noch vor Rom, das Machtzentrum der Kirche, und Prior Hugo von Semur ließ in Charité eine Tochterabtei errichten, die 1125 auch architektonisch vollkommen dem großen Vorbild nachgebaut wurde. So entstand die zweitgrößte Kirche Frankreichs. Ihre Türme sind heute das berühmte Wahrzeichen der Stadt.

BESICHTIGUNGEN

Altstadt
Bezaubernde Innenstadt mit alten Häusern und Gassen. Sehenswert vor allem ist das Maison du Sabotier, der Laden des Holzschuhmachers. Hier wird noch immer das traditionelle Schuhwerk der Loire-Winzer hergestellt. Die Markthalle aus dem 15. Jh. dient heute als Festsaal. Von den Resten der alten Stadtmauer hat man einen schönen Blick auf Stadt und Fluß.

Loire-Brücke
Eines der schönsten Bauwerke von La Charité, 1520 erbaut. Wunderbarer Blick auf das malerische Stadtpanorama.

Ste-Croix-Notre-Dame
1107 von Papst Paschalis II. geweiht, gebaut nach dem romani-

MARCO POLO TIPS FÜR CHER UND SOLOGNE

1 Bracieux
Beim Kochkönig der Sologne im kulinarischen Himmel (Seite 36)

2 Germigny-des-Prés
Mosaikwunder in einer 1200 Jahre alten Kirche (Seite 39)

3 St-Benoît-sur-Loire
Gregorianische Gesänge unter romanischen Gewölben (Seite 39)

4 Gien
Für Freunde der Jagd ein prächtiges Museum, für Sammler von Fayencen ein schönes Stück aus der Manufaktur (Seite 32)

5 Romorantin-Lanthenay
Tafelfreuden in zwei Restaurants (Seite 36)

6 Château de Sully
Feudales Wasserschloß (Seite 38)

schen Vorbild Clunys. Hier lebten zur Blütezeit 200 Mönche. Die gewaltige, fünfschiffige Kirche war einst 122 m lang. Sie wurde bereits 1559 zerstört. Übrig geblieben sind nur der Nordturm der Westfassade, der Chor und das Querschiff. Bemerkenswertes Tympanon aus dem 11. Jh. am Nordturm: segnender Christus und Szenen aus dem Marienleben.

RESTAURANTS

Grand Monarque
Regionale Spezialitäten, Blick auf die Loire. *Winter Fr geschl., 33, quai Clemenceau, Tel. 03 86 70 21 73, Kategorie 2*

L'Union
Restaurant in einer Café-Bar. Solide Küche. Spezialität: Gänseleber mit Nußöl und Taubenbrüstchen. *8, av. Gambetta, Tel. 03 86 70 08 58, Kategorie 2*

HOTELS

Le Bon Laboureur
Gutbürgerliches Hotel mit Loire-Blick, ganzjährig geöffnet. *Quai Romain Mollot, Tel. 03 86 70 22 85, Fax 03 86 69 62 32, 16 Zi., Kategorie 2*

Terminus
Traditionshaus mit Garten, Bar und Restaurant. *23, av. Gambetta, Tel. 03 86 70 09 61, Fax 03 86 70 12 42, 10 Zi., Kategorie 3*

AUSKUNFT

Office de tourisme
Place Ste-Croix, Tel. 03 86 70 15 06, 1. Juni–15. Sept., sonst im Hôtel de Ville, Tel. 03 86 70 16 12

GIEN

(115/E 2) Ein freundlicher Anblick am rechten Ufer der Loire: das Ensemble der alten Bürgerhäuser direkt am Quai, darüber die Ziegelsteinfassaden des Schlosses, daneben die Kirche. Kaum vorstellbar, daß diese Stadt (17 000 Ew.) 1940 beim Kampf um die strategisch wichtige Loire-Brücke zu 80 Prozent von deutschen Truppen zerstört wurde. Der Wiederaufbau ging sehr einfühlsam vonstatten, allein deswegen lohnt sich ein Besuch, aber auch des Kunsthandwerks wegen. Gien ist nach Nevers Frankreichs zweite große Produktionsstätte für Fayencen.

BESICHTIGUNGEN

Château de Gien
Angeblich wurde es von Karl dem Großen gebaut, es soll das erste Schloß im Loire-Tal gewesen sein. Davon ist heute nichts mehr zu sehen. Die französische Regentin und Gräfin von Gien, Anne de Beaujeu, Tochter von Ludwig XI. und Schwester des noch minderjährigen Dauphins Karl VIII., hatte den schlichten, prunklosen Schloßneubau 1484 in Auftrag gegeben. Von hier aus sollen im 17. Jh. Anna von Österreich, Mutter des späteren Sonnenkönigs Ludwig XIV., und ihr Sohn die Entscheidungsschlacht zwischen den Aufständischen der Fronde gegen den Kardinal und Königsberater Mazarin verfolgt haben. Herrlicher Ausblick von den Schloßterrassen.

Loire-Brücke
Im späten Mittelalter einer der wichtigen sieben Flußübergän-

In den fruchtbaren Ebenen um Nevers gedeihen auch Sonnenblumen

ge. Erbaut im 15. Jh. mit zwölf Durchgängen. Nach den Zerstörungen im Zweiten Weltkrieg originalgetreu wieder aufgebaut.

Ste-Jeanne-d'Arc
Kirche aus dem 15. Jh. mit altem Granitturm und neuem Langhaus aus Ziegelstein, ein relativ seltenes Bild. Interessante Rekonstruktion nach den Schäden des Zweiten Weltkriegs.

MUSEEN

Musée de la Faïencerie
Die Fayenceproduktion begann in Gien 1822, rund 300 Jahre später als in Nevers. Vorbilder waren Töpfer aus China, Japan und Südfrankreich. Das Museum dokumentiert die Kunstgeschichte Giens. *Tgl. 9–11.45 und 14–17.45 Uhr, Eintritt 20 FF, pl. de la Victoire*

Musée International de la Chasse
★ Eines der interessantesten Jagdmuseen Frankreichs mit Gemälden, Stichen, Waffen, Uniformen und einer großartigen Falkenabteilung. *Tgl. 9.15–11.45 und 14.15-17.30 Uhr, im Sommer bis 18.30 Uhr, Eintritt 25 FF, im Schloß*

RESTAURANTS

La Poularde
Solide Regionalküche, Loire-Blick, an Werktagen preiswertes Menü. *So abend und Mo mittag geschl., 13, quai Nice, Tel. 02 38 67 36 05, Kategorie 2–3*

Rivage
Erstklassiges Haus mit Blick auf die Loire. Ein Michelin-Stern. *Auch 22 Zi., 1, quai Nice, Tel. 02 38 37 79 00, Fax 02 38 38 10 21, Kategorie 1*

EINKAUFEN

★ Fayencen und hochwertiges Porzellan in der schon 1820 gegründeten Manufaktur.

HOTEL

Anne de Beaujeu
Hotel mit mittlerem Komfort, kein Restaurant. *30 Zi., etwas außerhalb D 940 Richtung Bourges, Tel. und Fax 02 38 38 27 29, Kategorie 2*

AUSKUNFT

Office de tourisme
Im Centre Anne-de-Beaujeu, pl. Jean Jaurès, Tel. 02 38 67 25 28, Fax 02 38 38 23 16

ZIELE IN DER UMGEBUNG

Briare **(115/E 2)**
Ein technisches Wunderwerk: Der Loire-Seitenkanal überquert auf einer 664 m langen Brücke die Loire – die Schiffe schwimmen nicht unter der Brücke, sondern auf ihr. Der *pont-canal* wurde 1897 eingeweiht. Gustave Eiffel, Konstrukteur des gleichnamigen Pariser Turms, wirkte an ihr mit. Beide Seiten des Kanals werden von Fußgängerwegen und malerischen Laternen flankiert. Ein sehr schönes Fotomotiv, besonders wenn ein Freizeitskipper über die Loire steuert.

La Bussière **(115/E 2)**
Kleines Wasserschloß, das von wunderschönen Gärten umgeben ist. Architekt des Parks war Jean Le Nôtre, dessen Sohn die Gärten von Fontainebleau und Versailles anlegte. Im Schloß ist ein einzigartiges Flußfischereimuseum mit historischem Gerät untergebracht. *Château des Pêcheurs, März–15. Nov. tgl. 9–12 und 14–18 Uhr, Eintritt 20 FF*

Etang du Puits **(115/E 2)**
175 ha großer See westlich von Briare, von schönen Eichen- und Kiefernwäldern umgeben. Hübscher Badestrand und Regattastrecke. Der See gilt als sehr fischreich: 15 Pfund schwere Hechte sollen hier keine Seltenheit sein.

NEVERS

(115/F 5–6) Eine der ältesten Städte Burgunds (42 000 Ew.). Bei den Spaziergängen durch das reizvoll verwinkelte Zentrum begegnet einem Geschichte auf Schritt und Tritt. Bereits die alten Gallier hatten hier an der Loire ein Oppidum, das Cäsar später zu seinem Nachschublager (Noviodunum Aeduorum) ausbaute. 52 v. Chr. gingen von Nevers die gallischen Aufstände aus. Die Häduer überfielen die römische Garnison und brannten sie nieder. Zur Zeit des Merowingerkönigs Chlodwig wurde der hl. Eulade der erste Bischof der Stadt. Später geriet auch Nevers unter den Einfluß von Cluny. Im 16. Jh. führten die Herzöge von Mantua das Glas- und Fayencen-Handwerk ein, das die Stadt weit über französische Grenzen hinaus bekannt machte. Noch heute werden in zwei Fabriken kostbare Vasen, Teller und Nippes angefertigt. Berühmt ist das Blau von Nevers.

BESICHTIGUNGEN

Palais ducal
Während des 15. Jhs., als Margarete von Flandern das Herzogtum Nevers in ihre Ehe mit dem mächtigen Burgunder-Herzog Philipp dem Kühnen einbrachte, begann der Bau des imposanten, eleganten Herzogpalastes, dessen 100jährige Bauzeit den Übergang von der Spätgotik zur Renaissance dokumentiert. An der Stadtmauer entlang führt ein schöner Spaziergang auf die alte Loire-Brücke und in den Terrassengarten Montée des Princes.

St-Cyr-et-Ste-Julitte
Die mächtige Kathedrale ist eine der eigentümlichsten Kirchen Frankreichs. Während ihrer Bauzeit vom 11. bis 16. Jh. wurden die üblichen Stilrichtungen der damaligen Zeit verwendet. Das Ergebnis: gotische und romanische Elemente und ein Doppelchor, der an deutsche Kaiserdome erinnert.

St-Etienne
Die Kirche, 1097 fertiggestellt, gilt als einer der besterhaltenen frühromanischen Sakralbauten. Beeindruckendes Gotteshaus.

St-Gildard
Das Stammkloster der Schwestern der Barmherzigkeit von Nevers ist bis heute Ziel von Pilgerströmen. Alljährlich am 16. April endet hier eine große Wallfahrt, denn in St-Gildard liegt die Leiche der »Seherin von Lourdes«. Das Hirtenmädchen Bernadette Soubirous aus den Pyrenäen hatte im vergangenen Jahrhundert Marienvisionen, die bald in halb Europa bekannt wurden. Bernadette floh vor dem Trubel ins Kloster von Nevers, wo sie 1879 starb. 1933 wurde sie heiliggesprochen. Seit dieser Zeit pilgern viele Gläubige zu ihrem einbalsamierten Leichnam, der in einem gläsernen Sarg liegt. Der Schrein steht in der Kapelle des Klosters. *Im Sommer tgl. 6.30 bis 19.30 Uhr*

MUSEUM

Musée de Nevers
Kostbare Fayencensammlung. *Tgl. außer Di 10–12 und 14 bis 18 Uhr, Eintritt 15 FF, Rue St-Genest*

RESTAURANTS

La Botte de Nevers
Gepflegtes Speisen in mittelalterlichem Ambiente. *So abend und Mo geschl., rue Petit Château, Tel. 03 86 61 16 93, Kategorie 2*

Morvan
Burgundische Küche mit gutem Preis-Leistungs-Verhältnis, Übernachtungsmöglichkeiten *(8 Zi.), Di abend und Mi geschl., 28, rue Mouësse, Tel. 03 86 61 14 16, Kategorie 3*

EINKAUFEN

Günstiger als in den Fayencewerkstätten am Ende der Place Vailland Couturier bekommen Sie nirgendwo so schöne Stücke.

HOTELS

Diane
Solides Haus mit mittlerem Komfort in der Innenstadt. *20. Dez.–15. Jan. geschl., 38, rue Midi, Tel. 03 86 57 28 10, Fax 03 86 59 45 08, 30 Zi., Kategorie 2*

Loire
Modernes Hotel am Loire-Ufer. *Quai Médine, Tel. 03 86 61 50 92, Fax 03 86 59 43 29, 58 Zi., Kategorie 2*

AUSKUNFT

Office de tourisme
31, rue de Rempart, Tel. 03 86 68 46 00, Fax 03 86 36 69 64

ZIEL IN DER UMGEBUNG

Magny-Cours (115/F 6)
Drei triftige Gründe, Magny-Cours (2800 Ew.) bei Nevers zu

besuchen, sind die schöne St-Parizele-Chatel-Kirche mit einer bemerkenswerten Krypta aus dem 12. Jh.; und als Kontrastprogramm die Internationale Rennstrecke mit vielen Veranstaltungen, Schauplatz des Formel-1-Rennens »Großer Preis von Frankreich«. Nicht versäumen sollte man das Restaurant *La Renaissance* von Monsieur Dray, das auch neun Zimmer zum Übernachten hat. Exzellente Küche (ein Michelin-Stern) in gepflegter Atmosphäre. Unbedingt probieren: Charolaisfilet mit Morchelcreme. *So abend und Mo geschl., Tel. 03 86 58 10 40, Fax 03 86 21 22 60, Kategorie 1*

ROMORANTIN-LANTHENAY

(114/B3) Manche nennen das reizende, stille Städtchen (18200 Ew.) an der Sauldre das Venedig der Sologne. Einst historischer Mittelpunkt der Region, liegt es heute ein bißchen abseits, so daß manche Franzosen das Ende der Welt meinen, wenn sie »wie Romorantin« sagen.

Die Sologne, jenes große Wald- und Seenviertel südlich von Orléans, war das beliebte, wildreiche Jagdrevier der französischen Könige. Und die nächtigten nicht in irgendwelchen Blockhütten, sondern ließen sich Schlösser bauen. Für Romorantin selbst griff Leonardo da Vinci zu Stift und Zeichenpapier und entwarf einen Stadtplan. Er sollte auch für die Königsmutter Luise von Savoyen ein Schloß bauen. Nach Leonardos Tod ließ Franz I. den Plan fallen. Und Romorantin blieb bis heute ein ruhiges, liebenswürdiges Städtchen, wie es zur stillen Sologne paßt. Nur einmal im Jahr gibt es Auftrieb, freilich mehr genießerischer Art: *Journées gastronomiques de Sologne* – die Feinschmeckertage Ende Oktober.

BESICHTIGUNGEN

Ancien Château
Vom alten Schloß der Herzöge von Angoulême aus dem 15. Jh. stehen nur noch der Turm und ein Flügel. In späteren Jahrhunderten residierten hier die französischen Könige, heute sind in dem Gebäude die Behörden untergebracht.

Eglise de Lanthenay
Kirche mit bemerkenswertem Gemälde aus dem 16. Jh., auf dem Maria mit dem hl. Sebastian und Johannes dem Täufer dargestellt ist.

Rue du Four
Le Carroir Doré, ein sehenswertes Holzhaus im Renaissancestil mit geschnitzten Eckpfeilern; außerdem schön anzusehen: das Renaissancefachwerkhaus *La Chancellerie*, an dem die Schnitzfiguren besonders auffallen; und das *Hôtel Saint-Pol*, Backsteinbau aus dem 15. Jh. mit einer Fassade aus rautenförmigen, glasierten Ziegeln. Aus einem der Fenster dieses Hauses soll ein brennendes Holzscheit geflogen sein, das König Franz I. im Gesicht traf. Er trug fortan Bart, um seine Narben zu verstecken.

St-Etienne
Kirchenbau mit romanischen, gotischen und Renaissancestilelementen.

MUSEUM

Musée Municipal de la Course Automobile
Oldtimer und Rennwagen. *10 bis 11.30 und 14–17.30 Uhr, So vormittag und Mo geschl., Eintritt 15 FF, Faubourg d'Orléans*

RESTAURANTS

Grand Hôtel du Lion d'Or
★ Spitzenrestaurant (zwei Michelin-Sterne) mit einem wundervollen Hotel, einer ehemaligen Poststation mit Innenhof über einer Krypta aus dem 10. Jh. Spezialitäten von Küchenchef Didier Clément sind Kaisergranate mit frisch gemahlenen Gewürzen und Ente. *69, rue Clemenceau, Tel. 02 54 94 15 15, Fax 02 54 88 24 87, 13 Zi., Kategorie 1*

Le Lanthenay
★ Das zweite Klasserestaurant. Ein Michelin-Stern, günstige Preise. Die Pasteten und die delikaten Schweinspfoten sollte man kosten. *So abend und Mo geschl., Lanthenay (2,5 km nördl. D 922), Tel. 02 54 76 09 19, Fax 02 54 76 72 91, Kategorie 1–2*

AUSKUNFT

Office de tourisme
Place Paix, Tel. 54 76 43 89

ZIEL IN DER UMGEBUNG

Bracieux **(114/A 2)**
Hübscher Ferienort (1150 Ew.) mit einer alten Markthalle aus dem 16. Jh. Hier schwingt einer der bemerkenswertesten Köche der Sologne den Kochlöffel. Das Restaurant ★ *Bernard Robin* ist in jeder Hinsicht ein Erlebnis: Taubensalat mit Hummer und eingelegtem Gemüse. Wilder Lachs in Hühnerbrühe mit Rindermark, Steinbutt mit Koriander und Gemüsetorte, gefüllte Wachteln vom Spieß, Ochsenschwanz mit gehackten Trüffeln. Unbedingt empfehlenswert: Loire-Maifisch mit Beurre blanc und Champignons. Im Herbst Wildgerichte, wie Sie sie selbst in Frankreich nur selten bekommen. Der Weinkeller? Allein 170 Sorten Loire-Weine. Viele Sterne und ein Preisniveau, das dem Level der Küche entspricht. Vorbestellen! *Di abend und Mi (außer Juli/Aug.) geschl., Tel. 02 54 46 41 22, Fax 02 54 46 03 69, Kategorie 1*

SANCERRE

(115/E 4) Sancerre (2100 Ew.) sieht genauso aus, wie man sich eine kleine französische Stadt immer vorgestellt hat: mit alten Türmen und schrundigen Dächern wie ein Nest auf einem Hügel – und rundherum Wein. Sanft geschwungene Rebengärten, kleine Dörfer – das Idyll schlechthin. Die Stadtgeschichte war nicht immer so heiter und malerisch. Während des Hundertjährigen Krieges kam es zu heftigen Kämpfen zwischen Engländern, den mit ihnen verbündeten Burgundern und französischen Truppen unter dem Befehl König Karls VII. In den Religionskriegen entwickelte sich die Stadt zu einem Zentrum der Hugenotten. 1573 wurde Sancerre von den katholischen Truppen des Marschall de La Châtre von drei Seiten beschossen. Vergeblich. Dann wurde die Stadt gnadenlos belagert. Den heldenhaften Widerstand respektierte der Feind. Sancerre wurde ein ehrenvoller Friede und Religionsfreiheit gewährt.

BESICHTIGUNGEN

Altstadt
Pittoreske Gassen, Plätze und Häuser. Ideal für einen ausgedehnten Bummel.

Bergfried
Die Tour des Fiefs aus dem 14. Jh. ist das einzige Überbleibsel der Burg der Grafen von Sancerre, die als Zitadelle der Hugenotten 1573 erbittert verteidigt wurde. Herrliche Aussicht über die Weinberge und das Loire-Tal. *Turmbesteigung März–Okt. So und Feiertage 14–17 Uhr*

Promenade de la Porte César
Spazierweg außerhalb der alten Stadtmauern, sehr schöner Blick über die Weinberge und das Viadukt von St-Satur.

Wachtturm
Überbleibsel einer Festung von 1509, heute Glockenturm der Kirche Notre-Dame.

RESTAURANTS

Côte des Monts Damués
Bei Einheimischen beliebtes Restaurant im »Ziegen-Dorf« Chavignol. Günstiges Mittagsmenü. *So abend und Mo geschl., 4 km außerhalb von Sancerre (D 183), Tel. 02 48 54 01 72, Kategorie 2*

La Moussière
Gemütliche Weinstube mit kleinen, aber sehr sorgfältig zubereiteten Gerichten. *Mo und Di mittag geschl., Nouvelle Place, Tel. 02 48 54 15 01, Kategorie 3*

La Tour
Glänzende Küche, erstklassige Auswahl von Sancerre-Weinen. *Mo (außer Juli, Aug.) geschl., 31, pl. de la Halle, Tel. 02 48 54 00 81, Kategorie 2*

EINKAUFEN

Es gibt überall Weinhandlungen, die Sancerre-Weine sowie Pouilly fumé und Zubehör (Gläser, Korkenzieher, Karaffen) führen. Empfehlenswert ist auch ein Besuch des Felsenkellers *Cave de la Mignonne.* Schöne Töpferstücke gibt es in der Galerie an der *Place du Marché.* Im nahen Dorf *Chavignol* wird der berühmte Ziegenkäse hergestellt.

HOTELS

Le Panoramic
Komfortables Haus mit Bar, Restaurant und Pool. Einzigartige Aussicht auf die Weinberge! *Rempart des Augustins, Tel. 02 48 54 22 44, Fax 02 48 54 39 55, 55 Zi., Kategorie 2*

Le Saint-Martin
Hotel im Zentrum der Stadt, gute Zimmer. *10, rue St-Martin, Tel. 02 48 54 21 11, Fax 02 48 54 17 50, 40 Zi., Kategorie 2*

AUSKUNFT

Syndicat d'Initiative
Im Sommer: Nouvelle Place, Tel. 02 48 78 03 58, im Winter: Hôtel de Ville (Rathaus), Tel. 02 48 54 08 21

ZIELE IN DER UMGEBUNG

Pouilly-sur-Loire **(115/E 4)**
Sehr hübscher, kleiner Weinort (1700 Ew.) mit etlichen guten Re-

staurants *(L'Espérance, La Vieille Auberge)*. Hier wird der berühmte Weißwein Pouilly fumé hergestellt.

Sancerre par les vignes (115/E 4)
Ein empfehlenswerter, gekennzeichneter Wanderpfad durch die Weinberge und Dörfer rund um Sancerre. Besonders schön im Herbst.

SULLY-SUR-LOIRE

(115/D 2) Eine hübsche kleine Stadt an der Loire (5800 Ew.) mit einem gemütlichen Montagsmarkt, einigen Geschäften, einer romantischen Flußpromenade und einem bedeutenden internationalen Musikfestival. Ein Platz für eine kleine Rast – wäre da nicht das Schloß!

BESICHTIGUNG

Château de Sully
★Einer der ersten Höhepunkte einer Loire-Reise ist das beeindruckende Wasserschloß. Ein Bergfried, umgeben von vier runden Ecktürmen, wurde zum Schutz der Brücke schon im 14. Jh. gebaut. Während des Feldzugs der Jeanne d'Arc wohnte hier der Dauphin. Nach ihren Siegen von Orléans und Patay eilte Johanna nach Sully, um den Thronfolger endgültig zur Krönung in Reims zu überreden. Doch der Schloßbesitzer Georges de la Trémoille, ein Günstling des Dauphins, hielt die Siegerin eifersüchtig vom Prinzen fern, Johanna wurde fast wie eine Gefangene behandelt.

1602 kaufte Maximilien de Béthune, der große Finanzminister von König Heinrich IV., Schloß samt Baronie, baute die Festung zu einem Wohnschloß um, ließ Wassergräben ziehen und den Park anlegen.

Im 18. Jh. fand Voltaire, wegen seiner bissigen Spottgedichte aus Paris verbannt, Zuflucht in Sully. Der 22 Jahre junge Dichter lebte wie ein Playboy. Seine galanten Komödien wurden im 300 qm großen Theatersaal vor seinen schönen Freundinnen aufgeführt.

Bei einer Besichtigung sollten Sie besonders auf das Gebälk des oberen Saales im Wohnturm achten. Es stammt aus der Zeit vor 1363: Das Kastanienholz weist nicht die geringsten Altersmerkmale auf. Das Schloß, bis 1962 in Besitz der Familie Béthune-Sully, kann nur bei Führungen besichtigt werden. *April–Sept. Mo–Sa 9–11.45 und 14–18 Uhr, So und feiertags 10 bis 12.30 Uhr, sonst Mo–Sa 10–11.45 und 14–17 bzw. 16.30 Uhr, 1. Dez. bis 28. Feb. geschl., Eintritt 18 FF*

RESTAURANTS

La Bonne
Gute Regionalküche mit einem hervorragenden Preis-Leistungs-Verhältnis. *Mo geschl., 6 km nördl. auf D 948 und D 961, Tel. 02 38 35 52 15, Kategorie 2–3*

Ferme de Châtaiguiers
Derzeit das wohl angesehenste Restaurant des Ortes. *Abends (außer Sa) geschl., Chemin de Châteaiguiers, Tel. 02 38 36 51 98, Kategorie 2–3*

SPIEL UND SPORT

18-Loch-Golfplatz, *4 km westlich, D 951 Richtung Orléans*

AUSKUNFT

Office municipal de tourisme
Pl. Général-de-Gaulle, Tel. 02 38 36 20 08, Fax 02 38 36 32 21

ZIELE IN DER UMGEBUNG

Germigny-des-Prés (115/D 1)
★ Kleine, uralte Kirche, aber was für ein Schatz! Früheste Romanik, um 800 von Theodulf, Bischof von Orléans und Abt von St-Benoît, gegründet. Das Highlight in der Kirche ist ein herrliches Mosaik (Darstellung der Bundeslade mit den Zehn Geboten) aus der Ravenna-Schule in der Wölbung der Apsis. Es wurde erst im 19. Jh. bei Ausbesserungsarbeiten unter einer dicken Putzschicht entdeckt und freigelegt.

St-Benoît-sur-Loire (115/D 1)
Kleines Dorf (1800 Ew.) mit 2000jähriger sakraler Vergangenheit – hier soll sich die wichtigste Kultstätte der Druiden befunden haben. Im 7. Jh. entstand die Benediktinerabtei Fleury. Der Abt hatte die Gebeine des Ordensstifters und seiner Schwester, der hl. Scholastika, unter den Trümmern des zerstörten italienischen Klosters Monte Cassino geborgen und mitgebracht. Die Abtei wurde in St-Benoît (hl. Benedikt) umbenannt. Die kostbaren Reliquien zogen zahlreiche Pilger an.

Zur Zeit Karls des Großen wurde das Kloster von Theodulf, Bischof von Orléans, geleitet. Er machte St-Benoît zu einem geistigen und geistlichen Mittelpunkt des Landes. Im 9. Jh. fielen die Normannen ein, die Mönche flohen mit den kostbaren Gebeinen hinter die Stadtmauern von Orléans, kehrten nach dem Abzug der Invasoren zurück und bauten ihr verwüstetes Kloster wieder auf. Von 1067 bis 1218 entstand die Basilika mit Krypta, wuchtigem Portalturm, Chor, Mittel- und Querschiff – eine der reinsten romanischen Kirchen Frankreichs.

St-Benoît-sur-Loire

Die während der Französischen Revolution zerstörte Krypta mit dem Grab des hl. Benedikt wurde im 19. Jh. restauriert. Ebenfalls sehenswert: Der Chor mit einem römischen Fußbodenmosaik aus dem 4./5. Jh. Seit 1944 ist St-Benoît wieder Kloster. Sie sollten nicht versäumen, den ★ gregorianischen Gesängen der Mönche zu lauschen! Sie werden sich in vergangene Jahrhunderte zurückversetzt fühlen. *8, 14.30 und 21 Uhr, Konventmesse 12 Uhr (So 11 Uhr), Vesper 18.15 Uhr*

Auf dem Friedhof liegt das Grab des bretonischen Dichters und surrealistischen Malers Max Jacob, eines Freundes Picassos. Er war Jude und wurde 1944 von den deutschen Besatzern ins KZ Drancy verschleppt, wo er starb.

Jeanne, die Jungfrau – eine Legende lebt fort

Burgen und Schlösser, einst im Mittelpunkt Europas, zeugen von Geschichte und Abenteuern

Bei Orléans erreicht der Fluß seinen nördlichsten Punkt und strömt träge gen Süden, dem Atlantik zu. Orléans, die Stadt der Jungfrau, der Nationalheiligen Frankreichs, ist vielleicht die bekannteste Stadt an der Loire. Und ihr Umland, das Orléanais? Wälder, Klöster natürlich, auch einige Weinberge und die unverbaute Flußlandschaft, die wohl letzte in Mitteleuropa.

Ab Orléans beginnt auch jener klassische Abschnitt, den man das Loire-Tal der Schlösser nennt, den Garten Frankreichs, das Freiluftmuseum einiger hundert Jahre französischer Monarchie. Schlösser zu beiden Seiten des Stroms, auf den Höhen der benachbarten Täler. Schlösser, manchmal so unwirklich, als habe sie ein Comic-Zeichner in die Landschaft gemalt. Wir kommen ins Blésois mit seiner Hauptstadt Blois, der alten Königsmetropole.

Ludwig XII. am Schloß von Blois

BEAUGENCY

(113/B3) Eine kleine Stadt (6900 Ew.), nicht weit von Orléans, mit stillem, mittelalterlichem Ambiente – besonders, wenn die Gaslaternen am Abend ihr diffuses Licht auf das Pflaster der Place Firmin und die umgebenden Türme werfen. Beaugency hat etliche markante Wendepunkte der französischen Geschichte in seinen Mauern erlebt. 1152 fand hier das Konzil statt, auf dem die Ehe von Eléonore von Aquitanien mit dem französischen König Ludwig VII. geschieden wurde. Sie heiratete kurz darauf den späteren König von England und brachte den gesamten Südwesten Frankreichs in englisch-normannischen Besitz: die erste Ursache für den Hundertjährigen Krieg, der Beaugency selbst zum Spielball zwischen Franzosen und Engländern machte. Immerhin wurde hier auch die Wende im Kriegsglück eingeleitet: 1429 befreite Jeanne d'Arc die Stadt von den englischen Besatzern. In

MARCO POLO TIPS FÜR ORLÉANAIS UND BLÉSOIS

1. **Blois**
   Schloß, Altstadt und Brücke – Höhepunkte der Loire-Reise (Seite 44)
2. **Château Chambord**
   Grandios und bizarr – ein Traumschloß (Seite 47)
3. **Château Cheverny**
   Edler, weißer Herrensitz in grünem Park (Seite 49)
4. **Les Antiquaires/Poutrière**
   Speisen in Orléans wie Gott in Frankreich (Seite 52, 53)

den Religionskriegen wurde die Stadt 1567 von den Hugenotten abgebrannt. Das Ende der wirtschaftlichen Blüte durch die Loire-Schiffahrt erlebte Beaugency ziemlich früh, als die Stadt ans Eisenbahnnetz angeschlossen wurde. 1940 und 1944 wurde sie von deutschen bzw. alliierten Truppen bombardiert. Heute ist Beaugency Umschlagplatz für landwirtschaftliche Produkte aus seinem Hinterland sowie bevorzugtes Ziel eines gehobenen Tourismus.

BESICHTIGUNGEN

Donjon
Mächtiger Wehrturm, eine der imposantesten Befestigungsanlagen aus dem 11. Jh. Die anderen Türme der gewaltigen Festung wurden geschleift und im Zweiten Weltkrieg sogar bombardiert. Der Donjon hatte früher fünf Stockwerke. Heute stehen nur noch Außenmauern.

Hôtel de Ville
Rathaus aus dem 16. Jh. Sehr schöner Renaissance-Fachwerkbau, geschmückt mit Salamandern, Wappen und Heiligen. Früher stand hier die Jeu de Paume-Halle der Stadt. Im Innern Wandteppiche aus dem 17. Jh.

Loire-Brücke
Gotische Brücke, früher die einzige zwischen Orléans und Blois. 440 m lang, 22 Bögen über die Loire. Sehr schöner Blick auf die Stadt.

Maison des Templiers
Das Haus des Templerordens stammt aus dem 12. Jh. Ziegelsteinfassade im Fischgrätmuster.

Notre-Dame
Romanische Klosterkirche aus dem 12. Jh. Ein Brand während des Hundertjährigen Kriegs zerstörte das romanische Deckengewölbe, das durch ein gotisches Holzgewölbe ersetzt wurde.

Place St-Firmin
Attraktiver Mittelpunkt mit sehr schönem Blick auf das mittelalterliche Ensemble der Stadt.

Tour du diable
Der Teufelsturm ist Teil der alten Befestigung des Brückenkopfes, die im Mittelalter direkt an der Loire gebaut wurde.

Tour de l'Horloge
Stadttor der alten Stadtbefestigung aus dem 12. Jh.

Tour St-Firmin
Durch diesen Turm, Überbleibsel einer Kirche aus dem 16. Jh., die während der Revolution zerstört wurde, führte früher eine Straße. Nebenan befindet sich das alte Hospiz Notre-Dame mit einem herrlichen Innenhof.

MUSEUM

Musée des Arts et Traditions de l'Orléanais
Im Schloß aus dem 15. Jh., das der Graf de Dunois, unehelicher Sohn Ludwigs XI., erbaute, befindet sich eine interessante Sammlung von Trachten, Kunsthandwerk und Möbeln. *Mi–Mo 10–12 und 14–17 Uhr, im Sommer bis 18.30 Uhr, Eintritt 20 FF*

RESTAURANTS

Auberge Gourmande
Gutes Restaurant mit Regionalküche und günstigem Mittagstisch in Baule. *So geschl. (außer Juli, Aug.), 6 km nordöstl. auf N 152, Tel. 02 38 45 01 02, Kategorie 2*

L'Ecu de Bretagne
Restaurant mit Hotel. Empfehlenswert: Tournedos Beaugency. *Pl. du Martroi, Tel. 02 38 44 67 60, 21 Zi., Kategorie 2–3*

EINKAUFEN

Der sonntägliche Trödelmarkt im Juni ist ein Paradies für nostalgische Stöberer.

HOTELS

L'Abbaye
Bestes Haus am Platz mit gehobenem Restaurant, Blick auf die gotische Loire-Brücke, sehr schöne Terrasse. *Weihnachten geschlossen, 2, quai de l' Abbaye, Tel. 02 38 44 67 35, Fax 02 38 44 87 92, 14 Zi., Kategorie 1–2*

De la Sologne
Sehr schönes, behagliches Haus, ohne Restaurant, im mittelalterlichen Stadtkern. *6, pl. St-Firmin, Tel. 38 44 50 27, Fax 02 38 44 90 19, 16 Zi., Kategorie 2*

AUSKUNFT

Office de tourisme
Pl. Hôtel de Ville, Tel. 02 38 44 54 42

Wenn der König mit dem Kaiser feiert

1539 lud der französische König Franz I. Kaiser Karl V. nach Amboise ein. Er wollte sich mit dem Habsburger Herrscher versöhnen, denn Franz I. hatte nach seiner Niederlage von Pavia fünf Jahre als Gefangener am spanischen Hof zugebracht. Nun sollte ein großes Fest auf Amboise steigen. Doch im Funkenflug des Kamins ging ein Wandteppich in Flammen auf, und der Kaiser bekam Angst um sein Leben. Erst die Einladung zu einem weiteren Fest in Chambord besänftigte ihn wieder. Neun Tage lang wurde gefeiert. Bei einem riesigen Turnier kämpften zwei Ritterheere um eine eigens gebaute Festung. Karl V. war besonders von den 300 Jagdfalken des französischen Königs beeindruckt.

ZIELE IN DER UMGEBUNG

Cléry-St-André **(113/E 3)**
Berühmte Basilika mit den Gräbern von Ludwig XI. und seiner Frau Charlotte von Savoyen. Im Mittelalter stand hier eine Wunderkapelle, die die Bauern der Umgebung zu Ehren einer Marienstatue, die sie auf dem Feld gefunden hatten, errichteten. Das Kirchlein wurde auch Ziel der Jakobspilger. Im Hundertjährigen Krieg brannten die Engländer die berühmte Kapelle nieder, und König Ludwig XI. schwor, an dieser Stelle einen neuen Bau zu errichten, falls er die Engländer bei Dieppe besiegte. Die Franzosen gewannen die Schlacht, Ludwig ließ sein Gewicht in Silber für eine Marienstatue aufwiegen und stellte das Leben als König ganz in den Dienst der Jungfrau von Cléry. So entstand im 15. Jh. eine prächtige spätgotische Basilika. Vom Vorgängerbau ist nur noch ein Turm übrig.

Meung-sur-Loire **(113/D 3)**
Kleinstadt (4500 Ew.) mit Schloß und der romanischen Kirche St-Liphard. Meung ist der Ort der mittelalterlichen Dichter. Einer der Burgherren, Jehan Clopinel de Meung (1240 bis 1305), schrieb den Bestseller »Roman de la Rose«, den Guillaume de Lorris 50 Jahre zuvor verfaßt hatte, einfach weiter: Von 4000 Versen auf 22 000! Im Schloß schrieb noch ein anderer, freilich nicht in den Wohntürmen, sondern unten in den finsteren Verliesen, den *oubliettes*, bei stinkendem Wasser und trokkenem Brot. Es war der geniale Lyriker François de Montcorbier, besser bekannt als François Villon. Der Bischof von Orléans hatte ihn wegen Kirchendiebstahls ins Gefängnis gesteckt. Obwohl seine Mithäftlinge verhungerten, schrieb Villon monatelang unbeirrt weiter, auch ein poetisches Loblied auf den König, das er sogar dem durchreisenden Ludwig XI. zuschmuggeln konnte. Der schenkte ihm daraufhin die Freiheit. *Nov.–20. März Sa, So, 21. März bis 12. Nov. tgl. 9–17 Uhr, Eintritt 30 FF*

Talcy **(113/D 3)**
Bemerkenswertes mittelalterliches Château, das in seinem strengen Baustil so gar nicht zur Leichtigkeit der üblichen Loire-Schlösser des Blésois passen will. 1571 wurde das Schloß vom Florentiner Kaufmann Bernard Salviati, einem Cousin von Katharina Medici, gekauft. Der Dichter Pierre de Ronsard verliebte sich unsterblich in seine 15jährige Tochter Cassandra. Daraus entstand Literaturgeschichte: Ronsard verewigte das Mädchen in seinen Sonetten. Cassandra heiratete später Guillaume de Musset. Von ihnen stammt der große Dichter Alfred de Musset ab. Übrigens wurde auch Diana, die Tochter von Cassandras Bruder Jean, literarisch gewürdigt. Für sie entflammte der Poet Agrippa d'Aubigné, der seine große Liebe auch in einigen Versen besang. *Okt.–April tgl. 10–12, 14–17 Uhr, Mai–Sept. tgl. 9–11.45, 14–17.45 Uhr, Eintritt 20 FF*

BLOIS

☛ Stadtplan in der hinteren Umschlagklappe

(112/C 4) ★ In die Königsstadt an der Loire sollte man von Süden kommen, die alte Brückenspitze im Blick, den Fluß, in dem sich die Konturen widerspiegeln. Die Häuser am Quai, Kirche und Kathedrale, die weitläufigen Mauern des Schlosses verbinden sich zu einem majestätischen Bild. 50 000 Ew. hat diese Stadt, aber sie wirkt noch immer wie die souveräne, kultur- und traditionsstrotzende Kapitale eines mächtigen Königreichs. 1391 kaufte Herzog Ludwig von Orléans die Grafschaft. Eine pikante Geschichte, deren Wahrheitsgehalt freilich nicht mehr überprüft werden kann: Der zunächst unbegüterte junge Herzog beglückte die junge Frau des alten Grafen. Sie bezahlte seine Minnedienste freilich aus der Kasse ihres Mannes. Als dieser pleite war, kaufte Ludwig von seinem Liebeslohn Grafschaft, Schloß und Stadt. In diesem Schloß wurde auch sein Enkel geboren, der spätere König Ludwig XII. Der wohnte wesentlich lieber an der Loire als in Paris, ebenso sein Nachfolger Franz I. Beide Herrscher bauten Blois, vor allem das Schloß, zum Versailles der Renaissance aus. Davon lebt die Stadt noch heute.

BESICHTIGUNGEN

Bischöfliche Residenz

Der Palast aus dem 18. Jh. hinter der Kathedrale auf einem Berg über der Stadt dient heute als Rathaus. Sehr schöne Terrassengärten mit der Statue der hl. Johanna. Phantastischer Ausblick über Stadt und Fluß.

Château de Blois

Ludwig XII. ließ um 1500 den L-förmigen Schloßflügel errichten. Das Schmuckstück dieses weitläufigen Baus ist der offene Treppenturm der Hoffassade, der unter Franz I. nach 1515 erbaut wurde – ein Meisterwerk der Renaissance-Baukunst. In den ersten Stock dieses Schloßteils soll Ludwig XIII. 1617 seine Mutter Maria von Medici verbannt haben. Angeblich ließ sie sich trotz ihrer Beleibtheit nachts an einer Strickleiter aus ihrem Gefängnis in den Schloßgarten hinab. Als der König davon hörte, versöhnte er sich wieder mit seiner Mutter. Auch der 2. Stock ist berühmt, allerdings für eine grausige Bluttat. Hier wurde 1588 der Herzog von Guise auf Geheiß des Königs Heinrich III. von acht Edelleuten erdolcht. Der Herrscher beobachtete den Mord durch ein Schlüsselloch. De Guise war ihm als Führer eines radikalen katholischen Flügels zu gefährlich geworden. Acht Monate später wurde Heinrich III. selbst ermordet. Auf dem großen Schloßplatz ließ 1429 Jeanne d'Arc auf ihrem Marsch nach Orléans ihre Standarte vom Bischof von Reims weihen. *Die Führung durch das Schloß dauert gut 90 Min. 15. April–31. Okt. tgl. 9–12 und 14–18.45 Uhr, Mai–Ende Aug tgl. 9–18.30 Uhr, im Winterhalbjahr bis 17 Uhr, Eintritt 30 FF*

Hôtel d'Alluye

Privathaus des königlichen Schatzmeisters von 1508. Schöner Innenhof mit italienischem Laubengang und einer Wendeltreppe aus Stein. *Rue St-Honoré*

Loire-Brücke

Um 1720 nach den Plänen des Architekten Jacques Gabriel in

Form eines Eselsrückens gebaut. Originalgetreue Rekonstruktion nach den Beschädigungen im Zweiten Weltkrieg.

Notre-Dame-de-la-Trinité
Bemerkenswerter moderner Kirchenbau (1937–49) mit schönen Fenstern. 60 m hoher Glokkenturm mit Glockenspiel (48 Glocken, die schwerste wiegt über fünf Tonnen). Der Turm kann bestiegen werden. Nach 240 Stufen hat man eine herrliche Aussicht über Stadt und Land. *Rue Monin*

Rue Denis-Papin
Am Ende der Straße steht das Denkmal des Physikers Denis Papin aus Blois, der 1706 in Kassel den Dampfkochtopf erfunden hat.

St-Louis
Spätgotischer Dom, der im 17. Jh. wieder neu erbaut wurde, nachdem er bei einem Sturm zerstört worden war. St-Louis wurde auf den romanischen Mauern des Vorgängerbaus errichtet. Interessante Krypta aus dem 10. und 11. Jh. Rund um den Kathedralenberg liegt die idyllische Altstadt. *Place St-Louis*

St-Nicolas
Zwischen Schloß und Loire-Ufer erheben sich die markanten spitzen Türme der Pfarrkirche, deren Chor und Langhaus aus dem 12. Jh. stammen. Früher gehörte das Gotteshaus der Benediktinerabtei St-Laumer, die Klostergebäude dienten fast drei Jahrhunderte als Krankenhaus. Heute ist dort ein Altersheim untergebracht. *Rue des Trois Marchands*

MUSEEN

Musée Archéologique et Robert Houdin
Archäologisches Museum und Sammlung über den berühmten Zauberer, Ingenieur und Gelehrten. *Mo und Mi 9–12 und 14 bis 17.30 Uhr, Eintritt 20 FF, Schloß, Flügel Franz I.*

Musée des Beaux-Arts
Zu sehen sind italienische und französische Tafelbilder der Renaissance. *April–Aug. tgl. 9 bis 18.45 Uhr, sonst 9–12 und 14–17 Uhr, Eintritt 20 FF, Schloß, Flügel Ludwig XII.*

Musée Lapidaire
Skulpturenmuseum in der Kirche St-Saturin. *15. März–31. Okt. Mi–So 10–12 und 14.30 bis 17.30 Uhr, im Winter nur Mi, Sa, So 10–12 und 14–17 Uhr, Eintritt frei*

RESTAURANTS

Hostellerie La Malounière
In St-Denis-sur-Loire kann man herrlich speisen mit Blick auf einen Park. Im Herbst werden Hasenspezialitäten angeboten. *So abend und Mo (außer Juli/Aug.) geschl., 6 km nordöstl. N 152, Tel. 02 54 74 85 96*

La Péniche
Schiffsrestaurant auf der Loire. Fischspezialitäten. *Sa mittag und So (außer feiertags) geschl., Promenade du Mail, Tel. 02 54 74 37 23, Kategorie 2*

Au Rendez-Vous des Pêcheurs
Feinschmecker-Bistro mit Fischspezialitäten. Ein Michelin-Stern. *27, rue de Foix, Tel. 02 54 74 67 48, Kategorie 2*

Aux Trois Marchands
Einfaches Lokal mit preiswertem Essen. *So und Mo mittags geschl., 21, rue des Trois Marchands, Tel. 02 54 79 96 44, Kategorie 1*

EINKAUFEN

Zahlreiche Geschäfte aller Art in den Fußgängerzonen. Sie sollten besonders auf Schokoladenspezialitäten achten: In Blois befindet sich die Schokoladenfabrik *Poulain (6, av. Gambetta)*, die allerdings in englischem Besitz ist.

In der *Markthalle* findet sich ein reiches Angebot an Gemüse, zur Saison vor allem Spargel, und auch Wein.

Großer *Trödelmarkt* an jedem 2. So im Monat am Platz Ave Maria, *rue Jeanne d'Arc – Promenade du Mail*

HOTELS

Anne de Bretagne
Älteres Hotel mit mittlerem Komfort oberhalb des Schlosses. *31, av. J.-Laigret, Tel. 02 54 78 05 38, Fax 02 54 74 37 79, 29 Zi., Kategorie 2*

Campanile
Einfaches Hotel mit ruhigen Zimmern. *Rue de la Vallée Maillard, Tel. 02 54 74 44 66, Fax 02 54 74 02 40, 54 Zi., Kategorie 3*

Holiday Inn Garden Court
Das erste Haus am Platz. *26, av. Maunoury, Tel. 02 54 55 44 88, Fax 02 54 74 57 97, 78 Zi., Kategorie 1*

Ibis
Witziges Hotel mit Bar in der Innenstadt direkt hinter dem Schloß. *3, rue Porte-Côte, Tel. 02 54 74 60 60, Fax 02 54 74 85 71, 61 Zi., , Kategorie 2*

AM ABEND

In den Straßencafés am Rond-Point-de-la-Résistance trifft sich am Abend die einheimische und touristische Jugend, ebenso in den kleinen Bars und einigen Diskotheken in den Gassen der Altstadt.

AUSKUNFT

Office de tourisme
Pavillon Anne de Bretagne, 3, av. Jean-Laigret, Tel. 02 54 74 06 49, Fax 02 54 56 04 59

ZIELE IN DER UMGEBUNG

Beauregard **(112/C 4)**
Das Renaissanceschloß mit Arkaden im Untergeschoß wurde von italienischen Künstlern im 16. Jh. ausstaffiert. Berühmt ist das *cabinet aux grelots*, das Schellenkabinett, das als Motive die drei Schellen aus dem Wappen des Schloßherrn in der Holztäfelung hat. Im Obergeschoß des Mitteltraktes ist eine große Gemäldegalerie von französischen Königen und Fürsten. *Okt. bis Dez., Feb.–März Do–Di 9.30–12, 14–17 Uhr, April–Juni tgl. 9.30 bis 12, 14–18.30 Uhr, Juli–Aug. tgl. 9.30–18.30 Uhr, Eintritt 28 FF*

Chambord **(113/D 4)**
★ Für zahlreiche Experten ist Chambord das imposanteste aller Loire-Schlösser. Mit Sicherheit aber ist es das bizarrste und größte: 150 m lang, 117 m breit, 440 Räume. An seiner Stelle stand einst eine Jagdburg der Grafen von Blois, König Franz I.

Die Architektur von Schloß Cheverny ist typisch für das 17. Jahrhundert

ließ sie 1519 niederreißen. Für den Neubau schöpfte der finanzschwache Monarch aus den letzten Reserven seiner Untertanen. Sogar die kilometerweit entfernte Loire wollte er umleiten lassen, um den Anblick noch pompöser zu gestalten. Davor schreckten selbst seine Architekten zurück, und der König begnügte sich mit der Umleitung des Flüßchens Cosson. Der mächtige Kaiser Karl V., 1530 zu Gast, rief beeindruckt aus: »Chambord ist der Inbegriff menschlicher Tatkraft.«

Frankreichs Könige kamen hierher zu Jagd und Amüsement. Molière führte hier vor Ludwig XIV. seine Komödien auf. Bei der Uraufführung von »Monsieur de Pourceaugnac« soll der Regent keine Miene verzogen haben. Da sprang Lully, der Komponist, in der Rolle des Apothekers, von der Bühne auf ein Cembalo. Das Instrument zerbrach – und der König lachte laut und herzlich. Molières Stück wurde ein großer Erfolg.

Im 18. Jh. kam das Schloß in den Besitz von Marschall Moritz von Sachsen, der in den Diensten Ludwigs XV. stand. Er war ein unehelicher Sohn des Polenkönigs August des Starken und ein äußerst boshafter Mann. Der leidenschaftliche Reiter bildete auf seinem Besitz zwei Kavallerieregimenter aus. Wer sich nicht an seinen Befehl hielt, wurde sofort aufgehängt. Erst 1821 kam Chambord wieder in geordnete Besitzverhältnisse. Die Herzöge von Bordeaux bekamen als rechtmäßige Erben der Krone das Château zugesprochen. Der Staat kaufte es 1932 für elf Millionen Francs zurück.

Besonders sehenswert im Schloßinnern: die Doppel-Wendeltreppe und die Dachterrasse mit dem Blick über 1000 (!) Türme, Türmchen und Kamine. *Tgl. 9.30–17.45 Uhr, Jan.–15. Juni und 11. Sept.–Dez. 11.45–14 Uhr geschl. Für eine Besichtigung sollten Sie mindestens 90 Min. einplanen. Im Juli/Aug. völlig überlaufen.*

Eintritt 32 FF. Auskunft Tel. 02 54 50 40 00

Château du Moulin (113/D 5)
Eine mittelalterliche Burganlage aus rotem Backstein südlich von Blois bei Lassay-sur-Croisne. Von der Festung aus dem 15. Jh. sind noch der Donjon (Bergfried), die Burggräben und das schwere Eichentor erhalten geblieben.

Chaumont-sur-Loire (112/C 5)
Schon von weitem sieht man das Schloß auf einem Felsvorsprung. Mit seinen charakteristischen Rundtürmen und den gewaltigen Mauern ist es mehr eine mittelalterliche Festung. Die Grafen von Blois hatten an dieser Stelle bereits im 10. Jh. eine Burg als Schutz gegen die mächtigen Grafen von Anjou gebaut. Hier soll sich auch der Anjou-Fürst und englische König Heinrich II. mit Thomas Beckett, dem Erzbischof von Canterbury, zum letzten Mal versöhnt haben. König Ludwig XI. ließ die Wehranlage 1465 schleifen. Noch im gleichen Jahr begann der Wiederaufbau in seiner jetzigen Form durch Pierre d'Amboise. 1560 kaufte Katharina von Medici, Gattin von König Heinrich II., nach dem Tod ihres Mannes den Besitz und zwang Diane von Poitiers, die ehemalige Mätresse ihres Gatten, sich nach Chaumont zurückzuziehen. Als Jacques Le Roy 1750 das Schloß erwarb, kam der italienische Künstler Nini und richtete hier eine Werkstatt ein. Seine Medaillons von bekannten Zeitgenossen sind noch heute ausgestellt. 1810 residierte die von Napoleon verbannte Mme. de Staël im Schloß. *April–Sept. tgl. 9 bis 11.30, 13.30–17 Uhr, im Winter nachmittags bis 16 Uhr, Eintritt 40 FF*

Cheverny (112/C 5)
★ Einer der elegantesten Herrensitze an der Loire, wohltuend in allen Proportionen. 1634 fertiggestellt, blieben alle Dekorationen und die Einrichtung aus dem 17. Jh. erhalten. Besonders sehenswert sind die Gemälde von Tizian, Raffael und Mignard im Großen Salon des Erdgeschosses. Eine breite Steintreppe führt zu den Zimmern, u. a. zum Gastgemach des Königs mit fünf Wandteppichen, auf denen die Heldentaten des Odysseus dargestellt sind. Noch heute werden auf Schloß Cheverny klassische Fuchsjagden mit einer Hundemeute organisiert – ein nicht nur unter Tierfreunden höchst umstrittenes Spektakel. *Juni–15. Sept. tgl. 9.15–18.45 Uhr, 16. Sept.–Mai 9.30–12, 14.15 bis 17 Uhr, Eintritt 28 FF*

St-Aignan-sur-Cher (112/C 6)
Eine hübsche kleine Stadt (3600 Ew.) mit Renaissanceschloß und der romanischen Kirche St-Aignan. Krypta mit Fresken aus dem 12. Jh.

Villesavin (113/D 4)
Ein Renaissancebau in edlen Proportionen: Elegant, heiter, verspielt. Jean Le Breton, der Bauaufseher von Chambord, hatte ihn 1537 errichten lassen. Weißer Marmorbrunnen im Schloßinnenhof und prächtiger Taubenturm, in dem bis zu 3000 Vögel untergebracht werden konnten. Außerdem Ausstellung von antiken Kutschen. *März–April*

tgl. 10–12, 14–19 Uhr, Mai–Sept. tgl. 10–19 Uhr, Okt.–Dez. tgl. 14 bis 17 Uhr, Eintritt 24 FF

ORLÉANS

☛ **Stadtplan in der hinteren Umschlagklappe**

(114/C 1) Die berühmteste Stadt im Loire-Tal (105 000 Ew.) ist ein uraltes geschichtliches und politisches Zentrum. Doch trotz aller Tradition kann man nicht behaupten, daß Orléans ein städtebauliches Kleinod ist. Keine Liebe auf den ersten Blick. Also lassen wir uns von den Geschichten über die heilige Befreierin, die Jungfrau von Orléans, tragen.

Als Genabum, Hauptort der gallischen Carnuten, wurde der Platz 52 v. Chr. von den Römern erobert und Aurelianus genannt. Ende des 5. Jhs. kam der Merowingerkönig Chlodwig mit seinem fränkischen Heer. Orléans wurde Hauptstadt der Karolinger und Bischofssitz. Der Westgote Theodulf, ein Zögling Karls des Großen und Abt des nahe gelegenen Klosters St-Benoît-sur-Loire, machte die Stadt auch zu einem geistigen Zentrum. 848 ließ sich hier Karl der Kahle krönen. 1305 wurde die Universität von Orléans gegründet, die Studenten aus ganz Europa anzog. 1428/29 belagerten während des Hundertjährigen Krieges die Engländer monatelang die Stadt, bevor sie von Jeanne d'Arc geschlagen und vertrieben wurden. Aus dieser Zeit erzählt man sich noch heute Schauermärchen. Der englische Offizier Salisbury wurde bei einem Schuß aus einer der 72 Bombarden der Stadt verwundet. Er starb später. Doch in Orléans klingt die Geschichte wesentlich drastischer: Eine Kanonenkugel wurde von der Muttergottes ferngelenkt. Sie wollte Salisbury für die Zerstörung der nahe gelegenen Wallfahrtskapelle Notre-Dame de Cléry bestrafen. Das Geschoß riß dem englischen Hauptmann den Kopf ab, just als ihm seine Offiziere zuriefen: »Da, Mylord, seht auf Eure Stadt!« In der Neuzeit bekam Orléans wirtschaftlichen Auftrieb durch Industrieansiedlungen, aber auch durch die Agrarerzeugnisse der Umgebung. Der Tourismus spielt in der nach den Zerstörungen des Zweiten Weltkriegs wieder behutsam aufgebauten Innenstadt eine bedeutsame Rolle. Alle wollen Jeanne d'Arc und ihren Geist spüren – und sei es nur als Reiterstandbild.

BESICHTIGUNGEN

Hôtel de Ville

Renaissancerathaus (1550) mit einer schönen Freitreppe, auf der eine Bronzefigur der Jeanne d'Arc steht. Sie wurde von Prinzessin Marie d'Orléans modelliert, einer Tochter des Bürgerkönigs Louis-Philippe. Hier starb 1560 im Hochzeitssaal der junge Franz II., als er mit seiner Frau Maria Stuart und Katharina von Medici die Reichsstände besuchte. *Place de l'Etape*

Maison de François I

Stadtpalais der Herzogin d'Etampes, das König Franz I. seiner Geliebten 1540 bauen ließ. Schöner Innenhof mit Arkadengalerie. *Rue Notre-Dame de Recouvrance*

Parc floral

Herrlicher Blumenpark im südlichen Stadtteil La Source, mit

Flamingos, Damhirschen und Mufflons. In einem 30 m breiten Becken entspringt die Source du Loiret, eine Quelle des kleinen Loire-Nebenflüßchens, das flußaufwärts bei St-Benoît versikkert. Hier können Sie wirklich erholsame Kahnpartien unternehmen. *Eintritt 18 FF*

Place du Martroi

Der historische Mittelpunkt der Stadt. Der Name kommt vermutlich vom lateinischen »martyretum«, wahrscheinlich hat sich hier im 6. Jh. ein christlicher Friedhof befunden. Nach den Zerstörungen von 1940 ist ein großer Teil der alten Bausubstanz verlorengegangen. Attraktion des Platzes ist seit 1855 das Reiterstandbild der Jeanne d'Arc: Die Jungfrau galoppiert in glänzender Rüstung mit gezogenem Schwert auf die Feinde zu. Gegen die Touristenschwärme, die sie belagern, kann sie sich allerdings nicht wehren.

Pont George V

Die Loire-Brücke, 100 m unterhalb des zerstörten mittelalterlichen Flußübergangs, wurde 1760 fertiggestellt. Dazu eine Anekdote, die den beißenden Spott der Orléaner (in Frankreich als *guépins*, Wespen, gefürchtet) widerspiegelt: Madame Pompadour, die Mätresse von Ludwig XV., berüchtigt für ihre Verschwendungssucht, sei einst in einer pompösen Kutsche über die Brücke gefahren. Da lobten die Bürger die Stabilität des Bauwerks: »Unsere Brükke ist stark. Sie hat die schwerste Bürde Frankreichs getragen.« Sehr schöner Blick von der Brücke auf die Stadt.

Säulenkränze krönen die Türme der Kathedrale von Orléans

St-Aignan

Das Gotteshaus wurde 1509 geweiht, in den Religionskriegen jedoch zerstört. Nur Chor und Langhaus stehen noch. Interessante Krypta aus dem 10. Jh. *Rue neuve St-Aignan*

Ste-Croix

Gotischer Dom, der in seinem Baustil Notre-Dame de Paris sehr ähnelt. Marcel Proust hatte einst gespottet, daß sie die häßlichste Kirche Frankreichs sei. An dieser Stelle stand schon sehr früh eine Kirche, die der Überlieferung nach 375 vom hl. Evortius errichtet wurde. Aus diesem Bau wurde nach und nach ein romanischer Dom, von dem bei der Grundsteinlegung der gotischen Kathedrale (1287) das Langhaus stehenblieb. Der gotische Chor war 1329 vollendet. Erst nach Ende des Hundertjährigen Krieges entstanden Querschiff und Türme. Ein mächtiger fünfschiffiger Bau, der endgültig erst 1829 vollendet wurde. In der dem hl. Kreuz geweihten Kirche wurde Jeanne d'Arc 1920 heiliggesprochen.

MUSEEN

Maison Jeanne d'Arc
Fachwerkbau des mittelalterlichen Stadtkämmerers. Er diente 1429 Jeanne d'Arc und ihren Brüdern als Quartier. Hier werden Dokumente und rekonstruierte Belagerungsmaschinen, wie sie im Hundertjährigen Krieg verwendet wurden, ausgestellt. *Mai–Okt. Di–So 10–12 und 14–18 Uhr, im Winter nur nachmittags, Eintritt 8 FF, pl. Général-de-Gaulle*

Musée des Beaux-Arts
Sammlung von Gemälden (Pourbus, de la Tour, Velázquez), Zeichnungen, Kupferstichen und Skulpturen (Rodin) französischer, italienischer, spanischer und niederländischer Meister, in einem schönen Palais neben der Kathedrale. *10–12 und 14–18 Uhr, Mi und Fr bis 13 Uhr, Di geschl., Eintritt 13 FF, Hôtel des Créneaux*

Musée Historique et Archéologique
Schatz der gallischen Kultstätte von Neuvy-en-Sullias und mittelalterliche Funde. *Mi–So 10 bis 12 und 14–18 Uhr, im Winter bis 17 Uhr, Eintritt 8 FF, Hôtel Cabu, pl. Abbé Desnoyers*

Musée Charles Péguy
Museum für den aus Orléans stammenden Dichter (1873 bis 1914). *Tgl. 14–18 Uhr, Eintritt frei, 11, rue du Tabour*

RESTAURANTS

Les Antiquaires
★ Traditionsküche der gehobenen Art mit einem Stern von

Im Ziegel-Rathaus von Orléans verbinden sich Gotik und Renaissance

Michelin. *So abend und Mo geschl., 2–4, rue au Lin, Tel. 02 38 53 52 35, Kategorie 1*

La Chancellerie
Einfache, aber gute Tagesgerichte, den Wein gibt's auch glasweise. Blick auf die schwertschwingende Jungfrau. *Pl. du Martroi, Tel. 02 38 53 57 54, Kategorie 2–3*

La Laurendière
Sehr schönes Restaurant, in dem man ein äußerst günstiges Mittagsmenü bekommt. *Mi geschl., in Olivet, 5 km südl., Tel. 02 38 51 06 78, Kategorie 2–3*

Poutrière
★ Das zweite Nobelrestaurant der Stadt (ein Michelin-Stern). Im Herbst unbedingt die Hasenterrine probieren! *So abend und Mo geschl., 8, rue Brèche, Tel. 02 38 66 02 30, Kategorie 1*

EINKAUFEN

Weine: Gris Meunier. Modernes Einkaufszentrum am Hauptbahnhof.

HOTELS

D'Arc
Haus mit mittlerem Komfort, ohne Restaurant. *37, rue de la République, Tel. 38 53 10 94, 35 Zi., Kategorie 2*

Sanotel
Modernes Komforthotel, allerdings ohne Restaurant. *16, quai St. Laurent, Tel. 02 38 54 47 65, Fax 02 38 62 05 91, Kategorie 2*

Sofitel
Bestes Haus am Platz, Terrasse, Pool, Blick auf die Loire. *44, quai Barentin, Tel. 02 38 62 17 39, Fax 02 38 53 95 34, 105 Zi., Kategorie 1*

AUSKUNFT

Office de tourisme
Pl. Albert I., Tel. 02 38 24 05 05, Fax 02 38 54 49 84

ZIELE IN DER UMGEBUNG

Châteaudun (112/C 2)
Stadt (16 000 Ew.) nordwestlich von Orléans auf einem Kalkfelsen über dem Loir gelegen. Schöne Altstadt mit der Magdalenenkirche (romanische Krypta) und einem mächtigen Schloß (12. bis 16. Jh.). Besonders sehenswert: in der Kapelle zwölf lebensgroße Statuen aus dem 14. Jh. mit Resten der alten Bemalung. *Eintritt 25 FF*

Châteauneuf-sur-Loire (115/D 1)
In diesem Schloß südöstlich von Orléans starb König Karl IV. Nur der Rundkuppelbau ist erhalten und dient heute als Rathaus der Stadt (5600 Ew.). Besonders schön ist der Schloßpark mit riesigen Rhododendronhainen, die sich bis in die Loire-Auen erstrecken. Blütenfest im Mai oder Juni. Museum über die Loire-Schiffahrt im Schloß. *Mi–Mo, 1. Juni–30. Sept. 10–12 und 14–18 Uhr, in der übrigen Zeit nur Sa, So und feiertags geöffnet, Eintritt 10 FF*

Forêt d'Orléans (115/C–D 1–2)
Auf 50 000 Hektar rechts der Loire wachsen Eichen-, Kiefernwälder und Heide, der stille Vallée-See ist ein idyllischer Badeplatz. Der Wald wird vom Orléans-Kanal (1692 erbaut) durchquert. Keine Schiffahrt, gute Angelgründe.

CREPERIE

Im Garten Frankreichs

Schlösser wie funkelnde Diamanten verzaubern den Gast heute wie einst

D*ouce Touraine* – der süße Garten Eden? So weit wollen wir nun auch wieder nicht gehen, obwohl viele Franzosen darauf schwören möchten. Indre-et-Loire heißt das Département seit rund 200 Jahren. Die Revolution hatte nichts mehr mit Königen, Jagden, Schlössern im Sinn. Und doch ist es die königliche Touraine geblieben, das reiche Stammland des Loire-Tals: landschaftlich, historisch, kulturell. Hinter jeder Flußbiegung eine neue Überraschung – Weinberge, eine Kirche aus hellem Tuffstein, ein Schloß am Ufer oder auf den Hügeln, das Labyrinth der Höhlenwohnungen – manchmal auch ein Kernkraftwerk.

AMBOISE

(111/B5) Schon wieder eine Königsstadt am Ufer der Loire: eine alte Brücke, hübsche Häuser mit Hotels, Restaurants und darüber die Front des Schlosses. Das alles sieht fabelhaft aus, aber wir haben schon besser gestaunt. Doch das liegt nicht an Amboise (11 000 Ew.), das liegt an den Wirren der Geschichte. Denn was wir hier sehen, ist ungefähr nur ein Zehntel von dem, was oben auf dem Berg einst stand: Ein Schloß von fast unvorstellbarem Ausmaß. Nun steckt die Phantasie die Konturen ab – und auf einmal steht ein Amboise vor uns, wie es wirklich einmal war: glanzvoll, majestätisch, manchmal furchteinflößend.

Die Place Plumereau im Herzen der Altstadt von Tours lädt zur Rast ein

BESICHTIGUNG

Château

★ Der Felsvorsprung über dem Fluß war schon in gallo-römischer Zeit befestigt. Im frühen Mittelalter standen hier zwei Burgen und unten im Stadtgebiet eine weitere. Damals bekriegten sich die Burgherren ständig, bis sich endlich die Grafen von Amboise durchsetzten. 1434 enteignete der französische König Karl VII. die Familie, weil sich angeblich Louis d'Amboise gegen ihn verschworen hatte. Amboise wurde Krongut. Ludwig XI. machte es zur königli-

MARCO POLO TIPS FÜR DIE TOURAINE

1 **Schloß Chenonceaux**
Ist es das schönste im ganzen Land? Überzeugen Sie sich selbst! (Seite 59)

2 **Chinon**
Ein Bummel durchs Mittelalter (Seite 60)

3 **Restaurant Au Plaisir Gourmand in Chinon**
Hält, was sein Name verspricht (Seite 62)

4 **Loches**
Grausige Kerker, heitere Gassen (Seite 63)

5 **Montbazon**
Fürstliche Einkehr – gleich zwei Tips für Genießer (Seite 65)

6 **Tours**
Auf Sankt Martins Spuren durch die Altstadt (Seite 66)

7 **Azay-le-Rideau**
Das Schloß, Renaissance in Perfektion (Seite 69)

8 **Schloß in Amboise**
In diesen Mauern feierte einst Europa (Seite 55)

chen Residenz, der Thronfolger und spätere Karl VIII. wurde auf Amboise geboren. Der ließ das Schloß zu einem der schönsten Paläste Frankreichs ausbauen. Sogar nachts wurde bei Fackelschein gearbeitet. Aus Italien kamen Handwerker und Künstler. Ein herrlicher italienischer Garten wurde angelegt, der König schwärmte: »Es hat den Anschein, als ob nur Adam und Eva fehlten, um daraus einen Garten Eden zu machen.« Auch Karl VIII. trieb den Bau voran. Sein Nachfolger Franz I. baute Amboise zur französischen Renaissance-Hochburg aus. Es wurden legendäre Feste, Maskenbälle und Turniere abgehalten, bei denen der alternde Leonardo da Vinci, von König Franz nach Amboise geholt, die Regie führte. Amboise war, wenn nicht der politische, so doch unangefochten der gesellschaftliche Mittelpunkt des sogenannten kultivierten Europa. Bis es während der Religionskriege zur Verschwörung und dem Massaker von Amboise kam. Die Vorgeschichte des Blutbades begann 1560, als der hugenottische Edelmann La Renaudie den jungen König Franz II. in Blois entführen wollte. Das Komplott wurde rechtzeitig aufgedeckt, der Hof floh nach Amboise, die Verschwörer folgten. Sie ritten in die Falle. Die Rache des Kindkönigs war geradezu alttestamentarisch grausam: La Renaudie wurde gevierteilt, einige Dutzend Verschwörer wurden entweder geköpft, auf den Schloßbalkonen aufgehängt oder lebendig in Säcke eingenäht und in die Loire geworfen. Franz II., seine schottische Gemahlin Maria Stuart (die bekanntlich später selbst ihren Kopf verlor) und die Mutter Katharina von Medici sahen bei den Hinrichtungen zu.

Zeitweise wurde Amboise staatliches Gefängnis. Unter Napoleon wurde dann der größte

Teil des Schlosses abgerissen. Während des Zweiten Weltkriegs griff die deutsche Luftwaffe Amboise, zeitweise Hauptquartier der Résistance, einige Male an.

Was ist geblieben? Die herrlichen Schloßterrassen mit einer grandiosen Aussicht ins Tal, die königlichen Wohngemächer mit Wandteppichen, gotischen Möbeln und dem »Balkon der Verschwörer«, an dem die Rebellen aufgeknüpft worden waren. Geblieben ist auch der herrliche *Tour des Minimes*, ein Rundturm von 21 m Durchmesser, der sogar mit Kutschen befahren werden konnte. Und die Schloßkapelle St-Hubert, mit spätgotischer Ausstattung und einer schlichten Platte, auf der steht, daß hier Leonardo da Vinci ruhe. *Nov.–Juni tgl. 9.30–11.45, 14 bis 16.45 Uhr, Juli–Aug. 9.30–17.45 Uhr, Sept.–Okt. 9.30–11.45, 14 bis 17.45 Uhr, Eintritt 28 FF. Der Rundgang dauert ca. 60 Min.*

MUSEUM

Manoir Clos-Lucé

Der Herrensitz von Leonardo da Vinci, etwa 600 m vom Schloß entfernt, ist heute Museum. König Franz I. hatte ihn mit diesem Besitz über die Alpen gelockt. Dafür brachte Leonardo die berühmte Mona Lisa mit. Und nun hängt sie ja auch im Pariser Louvre. In dem Schlößchen aus dem 15. Jh. sieht man, wie Leonardo seine letzten Lebensjahre verbrachte. Arbeits- und Empfangszimmer sind im Original erhalten geblieben mit den Renaissancemöbeln und den Wandteppichen. Die französische Tochtergesellschaft des IBM-Konzerns hat zum 500. Geburtstag Leonardos nach seinen Zeichnungen und Entwürfen funktionsfähige Modelle bauen lassen: Zu besichtigen sind also auch Flugmaschinen, Pumpen, Panzerwagen oder Klimaanlagen. *Feb.–März, Okt.–Dez. tgl. 10–12, 14–17 Uhr, April–Sept. tgl. 9–19 Uhr, Eintritt 31 FF*

RESTAURANTS

Auberge du Mail

Restaurant an der Straße mit Loire-Blick. Regionale Küche, gute Weine aus der Umgebung. *Fr (außerhalb der Saison) geschl., 32, quai-Gén.-de-Gaulle, Tel. 02 47 57 60 39, 12 Zi., Kategorie 2*

L'Aubinière

Erstklassiges Restaurant mit Fischspezialitäten aus der Loire. Famose bis raffinierte Zubereitung. Ein Michelin-Stern. *So, Di abend geschl., Tel. 02 47 30 15 29, Kategorie 1.* 6 km außerhalb in St-Ouen-les-Vignes

Den schönsten Blick auf Schloß und Brücke von Amboise hat man vom rechten Loire-Ufer

Le Choiseul
Laut Gastrokritikern wirkt in diesem Nobelhotel (zwei Sterne von Michelin) einer der besten Küchenchefs der Touraine. Er bruzzelt so raffinierte Sachen wie Crépinette mit Schweinsfüßchen und Flußkrebsen. *35, quai Charles Guinot, Tel. 02 47 30 45 45, 28 Luxus-Zi., Kategorie 1*

Le Manoir Saint-Thomas
Restaurant im Renaissancepavillon plus Garten plus Aaltopf in Rotwein plus frischem Loire-Zander plus honigglasierter Apfeltorte zum Schluß. *Mo geschl., pl. Richelieu, Tel. 02 47 57 22 52, Kategorie 1*

EINKAUFEN

Jede Menge Souvenirshops mit dem üblichen Tinnef. Als besonderes Mitbringsel: ziemlich witzige T-Shirts mit Leonardo-Aufdrucken.

HOTELS

Belle Vue
Mittelklassehotel an der Loire, allerdings ohne Restaurant. *12, quai Ch.-Guinot, Tel. 02 47 57 02 26, Fax 02 47 30 51 23, Kategorie 2*

Lion d'Or
Einfaches Haus direkt an der Loire, ein Restaurant ist angeschlossen. Vor den Fenstern gurren die Schloßtauben. *17, quai Ch. Guinot, Tel. 02 47 57 00 23, 23 Zi., Kategorie 3*

AUSKUNFT

Office du tourisme
Quai Général-de-Gaulle, Tel. 02 47 57 09 28, Fax 02 47 57 14 35

ZIELE IN DER UMGEBUNG

Chanteloup **(112/B 5)**
Die Pagode südlich von Amboise wirkt in der Landschaft wie ein exotischer, aber sehr reizvoller Fremdkörper. Sie ist das einzige Überbleibsel eines prächtigen Schlosses. Der Herzog von Choiseul, einst Minister bei Ludwig XV., dann aber vom König verbannt, ließ sie 1778 errichten. Der asiatische Baustil war damals sehr beliebt. Die Pagode, 44 m hoch, besteht aus sieben Stockwerken; vom obersten hat man eine herrliche Aussicht über die Wälder von Amboise und das Loire-Tal. *Sept., Okt., 22. März bis Juni tgl. 10–18 Uhr, Juli–Aug. tgl. 9–18.30 Uhr, Eintritt 20 FF*

Die Geheimwaffe der Katharina von Medici

Es war eine Art fliegende Einsatztruppe, kokett *Escadron volant* genannt. Mit Sicherheit waren es die schönsten Haudegen Frankreichs: 200 Ehrendamen der Katharina von Medici, stationiert auf Schloß Chenonceaux. Sie setzten die Politik und Diplomatie der Regentin mit ihren ureigensten weiblichen Mitteln fort, denen nur wenige Männer widerstehen konnten. 1571 kostümierten sich die schönsten der Damen für einen Transvestitenball als Männer. Die Verkleidung gelang ihnen nur teilweise, denn sie traten – eine frivole Sensation – oben ohne auf.

Schloß Chenonceaux mit der Brücke über den Cher

Chenonceaux **(112/B 5)**
★ Das schönste aller Loireschlösser in einzigartiger Lage. Eine prächtige, zweigeschossige Brückengalerie spannt sich über den Fluß Cher. Davor ein herrlicher Schloßgarten. Dieses Drei-Sterne-Motiv für Ansichtskarten lockt 800 000 Besucher im Jahr an. Sechs Damen haben Schloßgeschichte gemacht, weswegen Chenonceaux das »Sechs-Frauen-Schloß« heißt. An Intrigen ist dieses Renaissancestück mindestens so reich wie die TV-Seifenopern »Denver« oder »Dallas«. Im 15. Jh. war hier am Fluß ein prächtiges Mühlengut der Familie Marques, von dem noch der Turm steht. Der königliche Schatzkämmerer Thomas Bohier gierte jahrelang nach dem Besitz, nur wollten die Schloßherren nicht verkaufen. Doch ihre Verschwendungssucht war noch größer als ihr Stolz, und so veräußerten sie Teile des Gutes an vermeintlich unterschiedliche Käufer. In Wahrheit stand jedes Mal Bohier dahinter, so daß ihm 1512 Chenonceaux ganz gehörte. Seine Frau Cathérine Briçonnet leitete den Bau des neuen Schlosses, und einige Kunsthistoriker behaupten ernsthaft, daß der Architektur typisch weibliche Züge anhaften würden. Nach Bohiers Tod ließ König Franz I. seine Kassen überprüfen – Bohier hatte tief hineingegriffen. Um diese Schulden zu tilgen, überließ sein Sohn das Schloß der Krone.

1547 bestieg Heinrich II. den Thron von Frankreich. Er war mit Katharina von Medici verheiratet, hatte aber eine 20 Jahre ältere Geliebte: Diane von Poitiers. Ihr schenkte Heinrich Chenonceaux. Diane war eine eigenartige Dame – man sagt, sie habe Drogen genommen, um ihre Schönheit zu erhalten. Nach dem Tod ihres Gatten Louis de Brézé trug sie nur noch die Trauerfarben Schwarz-weiß, eine Marotte, die auch Heinrich annahm. Diane ließ den Schloßgarten anlegen und die Brücke über den Cher schlagen. Die Kosten finanzierte sie aus der Glockensteuer (Steuer auf Glokkengeläut), die ihr der König weitgehend überließ. Rabelais spottete: »Der König hat alle Glocken seines Reiches um den Hals einer Stute gehängt.« 1559 kam Heinrich bei einem Turnier ums Leben: Die Stunde der Katharina Medici hatte geschlagen. Sofort verbannte sie ihre Rivalin auf das eher finstere Schloß Chaumont.

Nun zog Katharina nach Chenonceaux und ließ 1560 auf der Brücke die zweistöckige Galerie bauen. Sie liebte den Prunk noch mehr als Diane und feierte Feste, über die ganz Frankreich redete. Beispielsweise wurden auf dem Cher ganze Seeschlachten nachgestellt, Nymphchen tänzelten aus dem Gebüsch, die berauschte Satyrn abschleppten.

Ganz anders Katharinas Nachfolgerin als Schloßherrin. Luise von Lothringen, Gemahlin von Heinrich III., bekam das Château. Nach der Ermordung ihres Mannes trug sie bis an ihr Lebensende weiße Trauerkleidung. Die ganze Inneneinrichtung, sogar ihr Bett und die Vorhänge, waren schwarz. Auf Chenonceaux wurde nicht mehr gefeiert, sondern nur noch gebetet, gelesen und gestickt.

Im 18. Jh. erwarb der Krongutsverwalter Dupin das Schloß. Seine Frau machte Chenonceaux zu einem intellektuellen Treffpunkt. Jean-Jacques Rousseau war am Cher Hauslehrer und schrieb hier den Roman »Emile«. Später erinnerte er sich: »Man vergnügte sich sehr an diesem schönen Ort und speiste vorzüglich, so daß ich dick wurde wie ein Klosterbruder.« Madame Dupin war auch in der ländlichen Bevölkerung sehr geachtet. Wie durch ein Wunder verschonten selbst die wütendsten Revolutionäre Chenonceaux.

1864 kaufte Madame Pelouze das Schloß. Sie ließ den gesamten Besitz wieder in den Originalzustand, wie ihn Bohier Anfang des 16. Jhs. verlassen hatte, zurückversetzen. Im Ersten Weltkrieg war das Schloß zeitweise Lazarett, im Zweiten sollte der Flußübergang gesprengt werden: Hier verlief nämlich die Grenze zwischen freifranzösischer und besetzter Zone. Vielen Juden rettete der nächtliche Gang über die Galeriebrücke von Chenonceaux das Leben. *März–Sept. tgl. 9–19 Uhr, Okt. 9 bis 18 Uhr, Nov.–Feb. 9–12, 14 bis 16.30 Uhr, Eintritt 35 FF, Information Tel. 02 47 23 91 97*

CHINON

(111/D 6) ★ Ein anmutiges Bild: der Fluß (diesmal die Vienne), die kleine Stadt und oben auf dem Berg die bizarren Zacken eines riesigen Schlosses. Chinon, noch eine Königsstadt (8500 Ew.). Das Château ist jedoch mehr von der finsteren Art, Ruine einer mächtigen Befestigungsanlage. Hier starben zwei Könige, englische Herren, französischstämmig: 1189 Heinrich II. und zehn Jahre darauf sein Sohn Richard Löwenherz nach einer Pfeilverletzung. 1206 belagerte ein französisches Heer die Festung acht Monate lang, dann zogen die Engländer ab, und König Philipp II. August hatte Chinon erobert. Diese düsteren Geschichten wollen gar nicht so recht zum heiteren Charakter der Altstadt passen. Aus den Cafés, Straßenkneipen und Restaurants weht der Geist Rabelais'. Der Dichter und Genießer ist überall gegenwärtig – mit bacchantischem Lächeln auf den Etiketten der Weinflaschen.

BESICHTIGUNGEN

Altstadt

Mittelalter pur – alte Holzgiebelhäuser, Ecktürmchen, gotische Fenster. Die schönste Straße: Rue-Haute-St-Maurice. Hinter der Place St-Maurice steht das Haus der Generalstände, in dem König Richard Löwenherz den Verletzungen durch einen Pfeil, der ihn in Chalus im Limousin getroffen hatte, am 6. April 1199 erlag. Der schönste Platz: *Grand Carroi.* Hier soll Jeanne d'Arc bei ihrer Ankunft in Chinon vom Pferd gestiegen sein.

Burg

Die riesige, 400 m lange und 70 m breite Anlage besteht eigentlich aus drei Schlössern. Das *Fort St-Georges* steht rechts des Grabens und sichert die Schwachstelle des Burgfelsens nach Westen ab. Die Burg, nach dem englischen Schutzheiligen benannt, wurde vom englischen König Heinrich II. Plantagenet, auch Graf von Anjou und Herzog der Normandie sowie von Aquitanien, gebaut. Er hielt sich lieber in Chinon als in London auf. Der mittlere Bau, *Château du Milieu,* gehörte schon seit 1044 den Plantagenets, die später die Könige von England stellten. Die Festung wird durch den 35 m hohen Uhrenturm betreten. In diesen Mauern überre-

Durch den gewaltigen Uhrturm betritt man das Schloß von Chinon

dete Jeanne d'Arc den Dauphin zum entschlossenen Kampf gegen die Engländer. König Karl VII. führte seine Regierungsgeschäfte von Chinon aus. Er richtete sogar seiner geliebten Agnès Sorel eine Wohnung ein, die mit den königlichen Gemächern verbunden war. Nach seinem Tod verlor Chinon an Bedeutung, es wurde Arsenal, Gefängnis und kam schließlich in den Besitz des Kardinals Richelieu, der große Teile des Château du Milieu schleifen ließ. Danach verfiel das Schloß mehr und mehr. Erst im 19. Jh. wurden die Mauern befestigt, die auf die Stadt zu stürzen drohten. Der dritte Teil der Anlage ist das *Château Coudray* mit dem Bergfried, den König Philippe Auguste nach 1205 bauen ließ. Hier waren später die Templerritter gefangen, die auf Befehl Philipps des Schönen 1314 in Paris verbrannt wurden. Berühmtes Echo zwischen den Burgmauern. *Mi–Mo, 15. März–Mai 9–12, 14–18 Uhr, Juni bis Sept. 9–18 Uhr, Okt.–14. März 9–12, 14–17 Uhr, Eintritt 25 FF*

Vienne-Brücke

Herrlicher Blick von der Vienne-Brücke, deren älteste Teile aus dem 12. Jh. stammen. Vor der Brücke liegt die Flußinsel, 1321 Schauplatz eines Massenmordes: Hier wurden alle Juden von Chinon verbrannt.

MUSEEN

Maison des Etats Généraux

Im Haus der Generalstände starb Richard Löwenherz. In dem schönen Patrizierhaus sind ein Rabelais-Porträt von Delacroix ausgestellt, gotische Möbel, Marienstatuen, der Mantel des hl. Mexme, der von einem Kreuzzug mitgebracht wurde, und Reliquien vom Scheiterhaufen der hl. Johanna. *Rue Haute-St-Maurice, Mai–Sept. tgl. 10–12.30 und 14.30–19 Uhr, Eintritt 16 FF*

Musée du Vin

Alles Wissenswerte über den guten Chinon-Wein erfährt man hier, zum Eintritt gibt's sogar ein Gläschen. *Rue du Doc Gendron, Fr–Mi, Mai–Sept. 10–12 und 14 bis 18 Uhr, Eintritt 20 FF*

RESTAURANTS

Château de Marçay

Sehr schönes Hotel im alten Schloß von Marçay. Herrliches Ambiente, fabelhafte Küche. Spezialität: Milchlamm mit jungem Knoblauch und Rosmarin. Sicherlich einen Umweg wert (ein Stern von Michelin). *So abend und Mo geschl., 6 km südl. über D 116, Tel. 02 47 93 03 47, 32 Zi., Kategorie 1*

Au Plaisir Gourmand

★ Sehr schönes Bürgerhaus mit sensationeller Regionalküche und erstklassigen Loire-Weinen. Wir empfehlen einen Chinon Clos de l'Echo, aus Patron Rigollets eigenem Anbau. Ein Michelin-Stern. Vorbestellen! *So und Mo geschl., 2, rue de Parmentier, Tel. 02 47 93 20 48, Kategorie 1*

EINKAUFEN

Chinon-Weine natürlich. Bücher von und über Rabelais oder Rabelais-Plakate.

HOTELS

Chris' Hotel

Garni-Hotel. *Pl. Jeanne d'Arc, Tel. 02 47 93 36 92, Fax 02 47 98 48 92, 40 Zi., Kategorie 2–3*

Diderot

Traumhaftes, bewachsenes Haus in der Stadtmitte, gute Zimmer, hervorragende Frühstücksmarmeladen. *4, rue de Buffon, Tel. 47 93 18 87, Fax 02 47 93 37 10, 24 Zi., Kategorie 2–3*

France

Altes, aber renoviertes Haus. *47, pl. Général-de-Gaulle, Tel. 47 93 33 91, Fax 02 47 98 37 03, 27 Zi., Kategorie 2*

AUSKUNFT

Office de tourisme

12, rue Voltaire, Tel. 47 93 17 85, Fax 02 47 93 93 05

ZIELE IN DER UMGEBUNG

Bourgueil **(111/D 5)**

Weinstädtchen an der Loire (3600 Ew.), berühmt wegen seiner guten Rotweine. Zur Weinprobe in die Cave de la Dive Bouteille und danach in die Abtei aus dem 16. Jh., Refektorium, Küche, Priorhaus besichtigen – und Sünden bereuen.

Candes-St-Martin **(111/D 5)**
Kleines Dorf (280 Ew.) am Zusammenfluß von Loire und Vienne. Interessante romanische Kirche aus dem 12.–13. Jh., die an der Stelle errichtet wurde, an der 397 der hl. Martin starb. Sein Grabmal kann im Seitenschiff besichtigt werden, der Leichnam des Heiligen liegt jedoch in Tours.

Champigny-sur-Veude **(111/D 6)**
Dorf nördlich von Richelieu, Burg mit Zugbrücke aus dem 13. Jh. Hier soll Jeanne d'Arc Pferde für ihr Heer bekommen haben. Die Schloßkapelle mit herrlichen Glasmalereien besitzt ein Stück Holz vom angeblichen Kreuz Christi als Reliquie. *Eintritt 30 FF*

La Devinière **(111/D 6)**
Hier verbrachte der große François Rabelais (1494–1553) seine Jugend, die er in seinem Roman »Gargantua« beschreibt. Im nahen Benediktinerkloster Seuilly besuchte er die Schule.

Loudun **(111/D 6)**
Im 13. Jh. errichtete König Philipp-August eine gewaltige Festung, von der allerdings nur noch der Donjon und die Porte du Martray erhalten sind.

Richelieu **(111/D 6)**
Beschauliches Marktstädtchen (2500 Ew.) im Süden der Touraine. 1621 erwarb Armand du Plessis, der spätere Kardinal Richelieu, das Gut und baute eine riesige Schloßanlage. Übrig blieb nur der Park, doch die symmetrisch angelegte, klassizistische Stadt, die Grande Rue, Plätze und Stadttore haben noch heute etwas von der altmodischen Atmosphäre einer Residenz.

Ussé **(111/D 5)**
Herrliches Dornröschenschloß mit Türmen, Erkern und mächtigen weißen Mauern aus dem 15.–17. Jh., orientalischer Waffensammlung in der alten Küche, Wandteppichen, Gemälden und sehr schöner Renaissanceschloßkapelle im Park. *15.–31. März, Okt. tgl. 10–12, 14–18 Uhr, April bis Sept. tgl. 9–12, 14–19 Uhr, Eintritt 49 FF*

LOCHES

(112/B 6) ★ Eine der schönsten Städte (7000 Ew.) der Touraine, ein Stück erhalten gebliebenes Mittelalter. Enge, historische Gassen am Berghang über dem Flüßchen Indre, Stadttore, Schloß, Burg, Schloßkirche – und das alles ohne die gewaltigen Besucherscharen, die die Loire-Schlösser im Sommer belagern. Wenn möglich, sollten Sie sich einen Mittwochvormittag als Besuchstag aussuchen. Die schmalen Gassen sind am Markttag mit Verkaufsständen zugebaut, die sich unter den nahrhaften Produkten der südlichen Touraine biegen.

BESICHTIGUNGEN

Altstadt
Sehr schöne Renaissancehäuser in der Rue du Château und viele

gut erhaltene Stadttore: Porte des Cordeliers (15. Jh.), Porte Picoys (15. Jh.), Tour St-Antoine (16. Jh.) und Porte Royale (12. Jh.).

Bergfried

Der mächtige Donjon aus dem 11. Jh. ist das beeindruckendste Bauwerk der Stadt. Die Festung, einem modernen Bunker nicht ganz unähnlich, wurde von den Grafen von Anjou errichtet. Daneben wurde im 15. Jh. der Rundturm gebaut, der die Befestigung noch verstärken sollte. Durch ihn erlangte Loches traurige Berühmtheit. Hier war im Mittelalter das sicherste Gefängnis Frankreichs. In diesen finsteren Verliesen (können besichtigt werden) schmachtete u.a. der Herzog von Mailand, der bei seiner Freilassung nach achtjähriger Gefangenschaft, von der Sonne geblendet, tot zusammenbrach. Die Bischöfe von Autun und Le Puy waren hier eingekerkert sowie der Graf von St-Vallier, Vater der Königsmätresse Diane de Poitiers. Noch menschenunwürdiger waren die berüchtigten »Käfige von Loches«, vergitterte, an den Seiten offene Holzkisten (2 m x 2 m), in denen der Delinquent entweder im Verlies oder draußen an der Wehrmauer aufgehängt wurde. Später soll auch ihr »Erfinder«, der Kardinal La Balue, wegen einer Verschwörung gegen König Ludwig XI. elf Jahre in einer solchen Kiste gehockt haben. *Juli–Aug. tgl. 9–18 Uhr, sonst 9–12, 14–17 Uhr, Eintritt 25 FF*

Château

Das Schloß besteht aus zwei Teilen, der obere *(Vieux Logis)* hat noch eindeutigen Burgcharakter, mit vier Rundtürmen und einem Wehrgang. Daran bauten die Könige Karl VIII. und Ludwig XII. das Neue Gebäude *(Nouveau Logis)*, in dem auch die erste französische Königsmätresse, Agnès Sorel, lebte. Über ihrer Grabstätte im Saal Karls VIII. befindet sich die sehenswerte Liegefigur des schönen und klugen Bauernmädchens, zwei Lämmer zu Füßen – eine Anspielung auf ihren Namen. Ursprünglich waren ihre Gebeine in der Kirche St-Ours und dann im nach ihr benannten Schloßturm untergebracht. Im Vieux Logis soll Jeanne d'Arc 1429 den späteren Karl VII. abermals zur Krönung in Reims überredet haben. Jedenfalls wird im Privatkabinett eine Kopie des Prozeßprotokolls (1431) von Rouen aufbewahrt. *Geöffnet und Eintritt wie Bergfried*

St-Ours

Ihr Schutzheiliger soll im 6. Jh. die Umgebung von Loches christianisiert haben. Romanischer Bau, im 10. Jh. von den Anjou gegründet. Die Kirche selbst stammt aus dem 11. und 12. Jh. Interessante viertürmige Fassade, manches erinnert stilistisch an die Klosterkirche von Cluny. Beachtenswertes romanisches Portal, das während der Revolution beschädigt wurde.

MUSEUM

Musée Lansyer et du Terroir

Gemäldesammlung des Landschaftsmalers Emmanuel Lansyer und Heimatmuseum. *Ostern–1. Okt. Sa–Do 9–11.45, 14–18 Uhr, im Winter bis 16 Uhr, Eintritt 15 FF, 1, Rue Lansyer zwischen Porte Royale und Logis Royal*

RESTAURANTS

George Sand
Gute regionale Küche, mit Terrasse über dem Flüßchen Indre. *So abend und Mo (außer Juli/Aug.) geschl., 39, rue Quintefol, Tel. 47 59 39 74, 20 Zi., Kategorie 2–3*

Gerbe d'Or
Gute, preiswerte Regionalküche, die man im Sommer auf einer schönen Terrasse genießen kann. *Mo und Di geschl., 22, rue Balzac, Tel. 02 47 59 06 38, Kategorie 2*

HOTEL

Luccotel
Ruhiges, gepflegtes Haus in der Oberstadt mit schönem Blick auf das Schloß. Restaurant Colvert *(Sa mittag geschl., Kategorie 2). 18. Dez.–18. Jan. geschl., Rue Lézards, Tel. 47 91 30 30, Fax 02 47 91 30 35, 42 Zi., Kategorie 2*

AUSKUNFT

Office de tourisme
Pl. Wermelskirchen, Tel. 02 47 59 07 98, Fax 02 47 91 61 50

ZIELE IN DER UMGEBUNG

Beaulieu-les-Loches **(112/B 6)**
Kleines Dorf mit sehenswerter romanischer Kirche. Die Abtei wurde 1007 vom Anjou-Grafen Fulco Nerra als Grablege gegründet. Der Glockenturm und das Langhaus stammen aus dem 12. Jh.

Liget **(112/B 6)**
Ruinen eines Kartäuserklosters, das der englische König Heinrich II. als Sühne für den Mord an Thomas Becket bauen ließ. Die runde romanische Kapelle St-Jean-du-Liget mit sehenswerten Fresken im Innern steht mitten auf einem Feld.

Montrésor **(112/C 6)**
Malerisches Dorf am Indrois. Das Schloß wurde im 11. Jh. als Burg von Fulco Nerra gebaut. Im 18. Jh. kam es in den Besitz der polnischen Adelsfamilie Branicki, die eine bedeutende Gemäldesammlung mitbrachte. *April–Okt. tgl. 9–12.30 und 14 bis 18 Uhr, Eintritt 30 FF*

MONTBAZON

(111/F 5) Hübsche Kleinstadt mit einem mächtigen Bergfried, der im 11. Jh. von Fulco Nerra gebaut wurde. Ein gutes Ziel für einen Verdauungsspaziergang, denn in Montbazon gibt's gleich zwei wirklich superbe Möglichkeiten zum Wohnen und Speisen.

HOTEL

Domaine de la Tortinière
★ Wohnen im Schlößchen – und speisen wie im Paradies, z.B. Ochsenschwanz in Chinon-Wein. In Les Gués de Veigné, *Tel. 02 47 34 35 00, Fax 02 47 65 95 70, 15 Zi., Kategorie 1*

RESTAURANT

La Chancelière
★ Eleganter Landgasthof – und eine Küche! Mit Austern gefüllte Teigtaschen an Champagner, Ragout mit auf Speck gegartem Hummer, Landkaninchenrükken mit Wildcremesauce etc. Ein Stern von Michelin. *So abend, Mo*

geschl., 1, pl. des Marronniers, Tel. 02 47 26 00 67, Kategorie 1

TOURS

☛ **Stadtplan in der hinteren Umschlagklappe**

(111/F5) ★ Tours swingt. Die 2000 Jahre alte einstige Hauptstadt Frankreichs (130 000 Ew.) ist kein großes Museum für kunstbeflissene Touristen, sondern eine lebendige Metropole mit alten Gemäuern, Tradition, jungen Leuten, einer großen Universität, Industrie und Handel. Tours, einst Caesarodunum, ist auch die Stadt des Sankt Martin, des römischen Soldaten, der bei Amiens einen frierenden Bettler sah, sein Schwert zog – und ihm eine Mantelhälfte abgab. Dabei sei darauf hingewiesen, daß er ihm den ganzen Mantel nicht geben konnte, denn der gehörte zur Hälfte dem römischen Staat. Am nächsten Tag, so die Legende, sei ihm Christus mit dem halben Mantel erschienen. Sofort ließ sich der römische Soldat taufen und stellte sein Leben in den Dienst der jungen Kirche. Er ließ die gallischen Heiligtümer zerstören und gründete Klöster (z. B. Marmoutier bei Tours) und Kirchen, wurde der erste Bischof von Tours. 397 starb der Bischof, 81jährig, im nahen Candes. Seinen Schülern vom Kloster Marmoutier war das überhaupt nicht recht. Sie beanspruchten den toten Martinus als Reliquie. Die Mönche von Candes allerdings auch. So kam es, daß die Marmoutiers die Leiche in der Nacht entwendeten und sie auf einem Schiff nach Tours brachten. Damals, so heißt es, seien die Bäume wieder ergrünt und die Blumen erblüht, obwohl es doch November war. Pilger und Kranke aus allen Ländern strömten an die Loire, um ihre Gebrechen durch eine Berührung des Grabes zu heilen. Wohlstand kehrte ein in Tours, die praktische Kehrseite der Wunder des hl. Martin. König Ludwig XI. machte Tours 1461 zu seiner Hauptstadt. Sie wurde ein Zentrum von Waffenproduktion und Seidenindustrie.

BESICHTIGUNGEN

Altstadt

Rund um die erste Basilika entstand das Stadtviertel Châteauneuf, zeitweise auch Martinopolis genannt. Hier lehrte der große angelsächsische Mönch Alkuin, von Karl dem Großen nach Tours geschickt. Man sieht Reste der gallorömischen Stadtmauer und in der Rue Briçonnet mit der 🚶❂ Place Plumereau die schönsten Häuser der Altstadt. Der Platz mit seinen vielen Cafés ist allabendlich ein beliebter Treff.

Château

Der englische König Heinrich II. ließ die Festung im 12. Jh. anlegen, zum Schutz des Brückenkopfes über die Loire. Vom alten Schloß steht nur noch der Guise-Turm.

St-Gatien

Auf den Resten eines römischen Amphitheaters, das 12 000 Zuschauer faßte, im 13. Jh. begonnen, ist die Kathedrale St-Gatien ein Paradebeispiel für die verschiedenen Facetten der gotischen Architektur. Besonders sehenswert sind die Glasmalereien im Chor und die prächtige Fensterrose aus dem 15. Jh.

St-Martin
Die erste Kirche wurde im 5. Jh. über dem Grab des Heiligen gebaut und später von den Normannen zerstört. Vom 11. bis 13. Jh. entstand eine neue romanische Basilika, deren Pracht und Ausstattung in ganz Frankreich gerühmt wurden. Während der Religionskriege – Tours war eine Hochburg der Hugenotten – wurde das Gotteshaus geplündert, 1805 das baufällige Langhaus abgerissen. Vom alten Bau sind nur noch der Turm Karls des Großen, der Uhrturm, und ein sehr schöner Kreuzgangflügel aus dem 16. Jh. übrig. Unmittelbar neben der Ruine des alten Gotteshauses wurde auf Martinsgrab und Krypta zwischen 1887 und 1905 eine neoromanische Basilika errichtet.

MUSEEN

Aquarium
200 Arten von Süßwasser- und Meeresfischen. *Juli–Aug. tgl. 9.3019 Uhr, April bis 15. Nov. 9.30–12 und 14–18 Uhr, im Winter 14–18 Uhr, Eintritt 22 FF, 25, quai d'Orléans*

Historial de la Touraine
Interessantes Wachsfigurenkabinett. Lauter alte Bekannte. Richard Löwenherz treffen wir hier, natürlich Jeanne d'Arc, Anne de Bretagne, die Tourainer Dichter Balzac und Ronsard – insgesamt 165 Figuren, jeweils im Gewand ihrer Zeit. *Mitte Juni–Mitte Sept. tgl. 9–18.30 Uhr, Mitte Sept.–Mitte Nov., Mitte März bis Mitte Juni 9–11.30 und 14–18 Uhr, Mitte Nov.–Mitte März 14 bis 17.30 Uhr, Eintritt 30 FF, quai d'Orléans*

Musée Archéologique de la Touraine
Zu sehen sind sehr schöne Waffen-, Möbel- und Fayencensammlungen in dem Renaissancepalais Hôtel Gouin. *15. Mai–30. Sept. tgl. 10–19 Uhr, die übrige Zeit 10–12.30 und 14–17.30 Uhr, Eintritt 20 FF, Rue Constantine/Rue du Commerce*

Musée des Beaux-Arts
Eine der besten Gemäldesammlungen in Frankreich ist hier im alten erzbischöflichen Palast ausgestellt. *Mi–Mo 9–12.45 und 14–18 Uhr, Eintritt 30 FF, 18, pl. François-Sicard*

Musée Gemmail
Ausstellung moderner Glaskunst im Hôtel Raimbault, mit Werken von Cocteau, Braque und Picasso. *5. April–15. Okt., Di–So 10–12 und 14–18.30 Uhr, Eintritt 25 FF, 7, rue du Mûrier*

Musée du Vin

Im alten Weinkeller St-Julien, ein trockenes Vergnügen. *April bis Sept. Mi–Mo 9–12 und 14–19 Uhr, März, Okt.–Dez. bis 17 Uhr, Jan.–Feb. geschl., Eintritt 10 FF, 16, rue Nationale (in der Nähe der Loire)*

RESTAURANTS

Jean Bardet

Das beste Restaurant der Stadt in einer Directoire-Villa. Menüvorschlag: Truthennencreme auf getrüffeltem Kerbelsaft, Frikassee junger Aale in Bourgueil-Essig, Touraine-Taube mit Zwiebelkompott, Ziegenkäse, Bratäpfel mit Zimteis gefüllt. Zur Trüffelzeit bietet Monsieur Bardet Pot-au-feu mit Hahnenkämmen und -nieren mit Trüffeln und Stopfleber an. Zwei Michelin-Sterne. Schon jetzt für ein Dîner sparen! *So abend und Mo (außerhalb der Saison) geschl., 57, rue Groison, Tel. 02 47 41 41 11, 16 Zi., Kategorie 1*

Charles Barrier

Karg der Speisesaal, im Gegensatz zur Küche. Auszug aus der Karte: Aalragout in Chinon-Rotwein mit Backpflaumen, Zander in Beurre blanc, Schweinsfüße gefüllt mit Lammbries und Trüffeln. Dito ein Michelin-Stern. *So abend geschl., 101, av. Tranchée, Tel. 02 47 54 20 39, Kategorie 1*

Bigarade

✝Einfaches Lokal mit einfach guter Küche. *Di, Mi mittag geschl., 122, rue Colbert, Tel. 02 47 05 48 81, Kategorie 2–3*

La Roche Le Roy

Bietet sehr gute Regionalküche, die hier von Kochkünstler Couturier noch verfeinert wird. Günstiger Mittagstisch. Ein Michelin-Stern. *Sa mittag, So geschl., 55 route St-Avertin, Tel. 02 47 27 22 00, Kategorie 1*

Les Tuffeaux

Kleines, erstklassiges Fischrestaurant, rustikales Ambiente. *So abend, Mo geschl., 18, rue Lavoisier, Tel. 02 47 47 19 89, Kategorie 2*

HOTELS

Alliance

Komfortables Hotel in der Nähe der Cher. *29 Zi., av. Graumont, Tel. 02 47 28 00 80, Fax 02 47 27 77 61, Kategorie 1–2*

Choiseul

Garni-Hotel mitten in der Altstadt. *12, rue de la Rôtisserie, Tel. 47 20 85 76, Fax 02 47 05 74 89, 20 Zi., Kategorie 3*

Les Hautes Roches

Höhlenhotel in einer ehemaligen unterirdischen Abtei. Acht riesige Zimmer und drei Appartements in Fels gehauen, erlesene Möbel, kostbare Teppiche im kargen Weiß der Höhle. Blick auf Vouvray und die Loire. Verpflegung nach Art der Höhlenmenschen: Rotbarben in Weinhefe, Steinbutt mit Ziegenkäse-Ravioli; der Wein kommt direkt aus dem Höhlenkeller. *Restaurant So abend und Mo (außerhalb Sommerferien) geschl., 86, quai de la Loire, Rochecorbon, 5 km östl. von Tours über N 152, Tel. 02 47 52 88 88, Fax 02 47 52 81 30, Kategorie 1*

Royal

Gepflegtes Haus. *65, av. Grammont, Tel. 02 47 64 71 78, Fax 02 47 05 84 62, 50 Zi., Kategorie 2*

SPIEL UND SPORT

Golfplatz (18 Loch) bei Ballan-Miré. Und im Botanischen Garten auf der linken Loireseite spazierengehen.

AM ABEND

Place Plumereau
Mit seinen vielen Cafés der Treffpunkt der Stadt: Modefreaks, Studenten, Intellektuelle, Hausfrauen, Angestellte, Professoren, Feuerschlucker etc. Sehen und gesehen werden.

AUSKUNFT

Office de tourisme
Rue B. Palissy, Tel. 02 47 70 37 37, Fax 02 47 61 14 22, pl. J. Jaurès, Tel. 02 47 05 50 19

ZIELE IN DER UMGEBUNG

Azay-le-Rideau (111/E 5)
★ Dieses Schloß ist Renaissance in höchster Vollendung. Der frühere Name Azay-le-Brulé weist auf ein Blutbad von 1416 hin. Damals war der Kronprinz und spätere König Karl VII. bei einer Reise durch den Ort gekommen und von der burgundischen Garnison beleidigt worden. Kurze Zeit später kehrte der Dauphin mit Verstärkung zurück: Azay wurde niedergebrannt, 350 Soldaten getötet. Im 16. Jh. wurde Azay in seiner jetzigen eleganten Form als Wasserschloß geschaffen. Bauherr war Gilles Berthelot, der Schatzmeister König Franz' I. Zweifelsohne hat seine Frau die Ästhetik dieses Bauwerks mitbestimmt. Wegen Unterschlagung angeklagt, floh Berthelot, sein Schloß wurde vom König konfisziert, der es einem seiner Gardeoffiziere schenkte. Die herrliche Inneneinrichtung des Schlosses ist fast vollständig erhalten. *April–Juni, Sept. tgl. 9.30 bis 12.30, 14–18 Uhr, Juli–Aug. tgl. 9–19 Uhr, Okt.–März tgl. 10–12.30, 14–17 Uhr, Eintritt 25 FF*

Langeais (111/E 5)
Die mittelalterliche Königsburg besitzt noch Zugbrücke, Wehrgänge, Pechnasen – und sehr schön eingerichtete Zimmer. Hier heiratete 1491 König Karl VIII. die Herzogin Anne de Bretagne. *15. März–Okt. tgl. 9–18.30 Uhr, sonst Di–So 9–12, 14–17 Uhr, Eintritt 30 FF*

Plessis-lès-Tours (111/E 5)
Lieblingsschloß von König Ludwig XI. Hier verbrachte er auch die Tage vor seinem Tod 1483. Der Herrscher hatte den Bau 1463 errichten lassen. Heute sind nur noch Turm und Mitteltrakt erhalten. *April–Sept. Mi bis Mo 10–12, 14–18 Uhr, sonst bis 17 Uhr, Eintritt 10 FF*

Villandry (111/E 5)
Das Schloß mit den schönsten Gärten an der Loire. Drei übereinanderliegende Terrassen. Oben der Wassergarten, ein 7000 qm großes Becken mit Wasserpflanzen, darunter der herrliche Blumengarten. Unten ein prächtiger Gemüsegarten, in dem besonders große Kürbisse gezogen werden. *11. Nov.–April tgl. 9–17 Uhr, Mai–Sept. tgl. 9–18 Uhr, Eintritt 35 FF*

Vouvray (111/F 5)
Berühmtes Weindorf an der Loire oberhalb von Tours, bekannt für seine Weißweine.

Im Land des guten Königs René

Hier weht die Luft schon südlicher – Kunst und Wein sorgen für strahlende Ferientage

Die Loire ist breiter geworden, noch gemächlicher, die ersten flachen Sandstrände locken zum Baden, zumindest zum Sonnen, ein kleiner Vorausblick auf die nahe Atlantikküste. Es geht durch das Höhlen- und Weinland. Man sagt, daß die Luft des Anjou noch weicher sei, die Menschen noch milder als in der Touraine. Weißes und schwarzes Anjou hat man es abschnittweise genannt, nach der Farbe des hier gebrochenen Tuffsteins, aus dem Häuser, Burgen und Klöster gemauert wurden. Gleichzeitig haben wir auch den westlichsten Teil unserer Reise erreicht.

ANGERS

☛ **Stadtplan in der hinteren Umschlagklappe**

(110/B 4)★ Eigentlich liegt Angers gar nicht an der Loire, sondern an der Maine, einem nur zehn Kilometer langen Zusammenfluß von Mayenne, Sarthe und Loir, der dann in die Loire mündet. Trotz der großen Zerstörungen im Zweiten Weltkrieg besitzt die Universitätsstadt (141 000 Ew.), ähnlich wie Tours oder Blois, ein Flair, das sich aus der 2000jährigen wechselhaften Geschichte und einer äußerst lebendigen Gegenwart ergibt. Das Nebeneinander von Alt und Neu, breiten Einkaufsboulevards und der Altstadt, der Elektronikindustrie und den zahlreichen Museen charakterisiert Angers, mal abgesehen von den üblichen peripheren Scheußlichkeiten: Großstadt und urbanes Kleinod in einem.

Bereits vor Christi Geburt war die Gegend von gallischen Anden (oder Andegaven), Fischern und Jägern, besiedelt, deren Fürst Dumnacus nach der römischen Eroberung in die Wälder flüchtete. Aus dem keltischen Oppidum entstand die römische Stadt Juliomagus mit Straßen, Gebäuden und einem Amphitheater. Im 4. Jh. gründete Martin, Bischof von Tours, die St-Maurice-Kirche. Im 9. Jh. suchten Normannen die Stadt heim. Sie gefiel ihnen, denn sie besetzten Angers mit Frauen und

Fontevraud, heute schön restauriert, war einst eine der mächtigsten Abteien des alten Anjou

MARCO POLO TIPS FÜR DAS ANJOU

1 Angers
Das Schloß, die schönsten Wandteppiche Frankreichs, viel Leben in alten Gemäuern und ein lukullisches Dîner im Pavillon (Seite 71)

2 Corniche Angevine
Romantische Weinstraße entlang der Loire (Seite 78)

3 Saumur
Die perfekte Silhouette einer Stadt, gespiegelt im Fluß, und ein einzigartiges Pferdemuseum (Seite 78, 79)

4 Fontevraud
Die Gräber der Könige, dazu die einzige romanische Küche Frankreichs (Seite 81)

Kindern und konnten erst sieben Jahre später vertrieben werden.

Vom 10. bis 13. Jh. regierte das Geschlecht der Grafen von Anjou (Plantagenets), eine der damals mächtigsten Familien. Sie stellten sogar 200 Jahre lang die englischen Könige. Nach 1204 wurde Angers der französischen Krone angegliedert. Ludwig IX. übertrug seinem Bruder Karl die Grafschaft als königliche Apanage. Später wurde es zum Herzogtum aufgewertet. Der letzte Herzog, René, der Gute, zog sich Ende des 15. Jhs. nach Aix-en-Provence zurück, als er sah, daß er dem Besitzanspruch Frankreichs nichts mehr entgegensetzen konnte. Soviel an Geschichte, obwohl noch längst nicht alles erzählt ist.

Angers ist nach wie vor Handelsplatz für Anjou-Weine und mit zwei Universitäten ein wichtiges Forschungszentrum. Die wirtschaftliche Dynamik, das kulturelle Angebot und die landschaftliche Umgebung haben die Stadt zu einem der attraktivsten Wohnorte Mittelfrankreichs werden lassen. Touristen spüren bei einem Bummel durch Angers sehr wohl, was es heißt: Leben wie Gott in Frankreich.

BESICHTIGUNGEN

Altstadt
Angers hat drei Altstadtbereiche: 1. Die Cité zwischen Schloß und Kathedrale, mit gallorömischen Mauern in der Rue Toussaint und dem sehenswerten Fachwerkhaus Maison d'Adam; 2. La Doutre am rechten Ufer der Maine um die Eglise de la Trinité und die Place de la Laiterie (sehr schöne Häuser in der Rue Beaurepaire); 3. das Quartier du Pilori um die Rue Pocquet de Livonnière.

Ancien Hôpital St-Jean
Eines der ältesten Krankenhäuser des Landes, 1153 gegründet. Der alte Krankensaal ist in einer dreischiffigen Halle untergebracht. Er war bis zum 19. Jh. in Betrieb. Heute werden hier zehn herrliche moderne Wandteppiche ausgestellt, die der Künstler Jean Lurçat 1957 bis 66 gestaltet hat. Sein »Gesang

der Welt« ist 80 m lang. *Di–So 10–12 und 14–18 Uhr, Eintritt 10 FF, Bd. Arago*

Château

Hauptattraktion von Angers ist die imposante fünfeckige Festungsanlage mit 17 Rundtürmen (40–50 m hoch). Ihre Besonderheit: Zebrastreifen – schwarzes Gestein wechselt sich mit weißen Schieferlagen ab. Die alte Festung der Grafen von Anjou wurde 1228–38 von König Ludwig IX. neu aufgebaut. Über die Zugbrücke gelangen wir zur Porte de Ville, dem Haupttor. Innerhalb der Wehrmauern befinden sich die Ruinen des großen Burgsaals (12. Jh.), eine Kapelle (15. Jh.) sowie das kleine Schloß des »Guten Königs René«, des letzten der Anjou-Herzöge. Er war ein überaus freundlicher und kunstsinniger Herr, der im 15. Jh. auf den Verteidigungswällen des Châteaus Gärten mit Wein, Gemüse, Lavendel und Heilkräutern anlegen ließ. René vermachte der Kirche auch Angers größten Schatz, den wir in einem modernen Gebäude innerhalb der Schloßmauern besichtigen können: den Wandteppichzyklus der »Apokalypse«.

Herzog Ludwig von Anjou gab ihn 1375 in Auftrag. Fünf Jahre lang arbeitete der Pariser Teppichweber Nicolas Bataille nach Miniaturen von Hennequin de Bruges an den Tapisserien. Die Offenbarung des Johannes wurde ein Wunderwerk an Farbe und künstlerischer Darstellung, ursprünglich sieben Bilder, fünf Meter hoch, insgesamt 168 m (107 m sind erhalten) lang. Nach der Revolution wurden die Bildteppiche zerschnitten und als Pferdedecken und Abdeckplanen an eine Domänenverwaltung verkauft. Im 19. Jh. erwarb der Bischof von Angers die übriggebliebenen Teile für 300 Franc und ließ sie mühsam wieder zusammennähen. Zur Erläuterung sollte man sich bei der Führung Kassetten (verschiedene Sprachen) und Kopfhörer ausleihen. Weitere beachtenswerte Wandteppiche in der Schloßkapelle, im Gouverneursgebäude und im Logis Royal, den königlichen Gemächern. *So vor Ostern bis 15. Sept. tgl. 9.30–12 und 14 bis 18.30 Uhr, 16. Sept.–Palmsonntag nachm. bis 17.30 Uhr, Eintritt 24 FF*

Eglise de la Trinité

Klosterkirche aus dem 12. Jh. Zugang zu der romanischen Unterkirche Eglise de Ronceray, benannt nach einer Bronze-Muttergottes, die der Legende nach in einem brennenden Dornengebüsch gefunden wurde. In den Klosterräumen ist heute eine Kunstgewerbeschule untergebracht. *Pl. de la Laiterie*

St-Aubin

Angeblich eine der ältesten Abteien an der Loire, 534 vom Merowingerkönig Childerich gestiftet. Leider stürzte die alte Kirche um 1800 zusammen. Erhalten geblieben sind nur der hohe Glockenturm aus dem 12. Jh. sowie die Arkaden des Kreuzgangs. In den anderen Klostergebäuden sind heute Behörden untergebracht. *Rue St-Aubin*

St-Martin

Eine der ältesten Stiftungen von Angers, heute Kapelle des Collège-St-Martin. In der Krypta finden Sie noch die gallo-römischen Spuren der Vorgängerkirche. Graf Fulco Nerra ließ die karolingische Kirche 1012–20 ausbauen. Erhalten sind der Chor, die Engelkapelle sowie die Vierung mit ihrer Kuppel. Das Langhaus ist 1828 zusammengestürzt. *Rue St-Martin*

St-Maurice

Sehr schöne gotische Kathedrale mit drei Türmen aus dem 12. bis 13. Jh. an der Stelle, an der der hl. Martin im 4. Jh. die erste Kirche von Angers weihte. Von der Spitze des mittleren Turms ragt das angevinische Kreuz empor, das als »Kreuz Lothringens« zum Symbol des Widerstands gegen die Naziherrschaft wurde. Im Kirchenschiff eines der ersten gotischen Gewölbe. Herrliche Glasfenster, teilweise aus dem 12. Jh., im Langhaus. Sehenswert ist auch der Domschatz mit einer alten römischen »Badewanne« aus grünem Marmor (Taufbecken der Herzöge von Anjou), alten Meßgewändern, Goldschmiedearbeiten und Bischofsstäben. *Mi–Mo 10–12 und 14–18 Uhr, Eintritt 20 FF.*

Hinter der Kathedrale steht das ehemalige Bischöfliche Palais, das noch Bausubstanz (Gewölbe, Kamine) aus dem 11.–12. Jh. aufweist. *Pl. Freppel*

Aus Sandstein und Granit wurde das Schloß von Angers erbaut

St-Serge
Die Kirche eines im 7. Jh. gegründeten Benediktinerklosters. Das Innere ist eine herrliche Demonstration des angevinischen Stils – 13 kuppelartige Deckengewölbe, eine Loire-Spielart der Gotik. Die schlanken Säulen tragen Schlußsteine mit kostbaren Skulpturen (Fernglas!). In der alten Abtei ist ein Gymnasium untergebracht. *Av. M. Talet*

MUSEEN

Galerie David d'Angers
Das gesamte Werk des Bildhauers (1788–1856), das er seiner Heimatstadt vermacht hat. In der restaurierten Ruine (Glasdach über dem Mittelschiff) der Eglise Toussaint des Allerheiligenklosters. *Di–So, im Sommer 10–13 und 14–19 Uhr, im Winter 10–12 und 14–18 Uhr, Eintritt 10 FF, rue Toussaint*

Musée des Beaux-Arts
Wertvolle Gemäldegalerie (Watteau, Greuze, Boucher, Ingres) im *Logis Barrault.* Dieser Renaissancepalast wurde im 15. Jh. für den Bretagne-Schatzmeister und Bürgermeister von Angers, Olivier Barrault, erbaut. *Di–So, im Sommer 10–13 und 14–19 Uhr, im Winter 10–12 und 14–18 Uhr, Eintritt 6 FF, 10, rue du Musée*

Musée d'Histoire naturelle
Naturhistorische Ausstellung im Hôtel Giraud-Valentin. *April bis Sept. Di, Mi, Sa 14–18 Uhr, sonst bis 17 Uhr, Eintritt 5 FF, 43, rue Jules-Guitton*

Musée de la Paléontologie
Mineralien und Fossilien. *1. April–30. Sept. Di, Mi, Sa 14–18 Uhr, sonst bis 17 Uhr, Eintritt 6 FF, 41, pl. Imbach*

Musée Turpin de Crissé
Funde aus Angers gallorömischer und keltischer Zeit, aber auch griechische und etruskische Geräte sowie schöne Elfenbeinarbeiten aus dem Mittelalter sind im Renaissance-Hôtel Pincé ausgestellt. *Di–So, im Sommer 10–13 und 14–19 Uhr, im Winter 10–12 und 14–18 Uhr, Eintritt 10 FF, rue Lenepveu*

Musée du Vin
Im Festsaalkeller des Ancien Hôpital St-Jean wurde eine kleine Ausstellung rund um den Wein eingerichtet. *Di–So 10–12 und 14–18 Uhr, Eintritt 18 FF, 4, bd. Arago*

RESTAURANTS

Auberge d'Eventard
Ländliche Herberge mit sehr köstlicher, leichter Regionalküche. *So abend, Mo, 12.–26. Feb. geschl., St-Sylvain d'Anjou, 5 km auf der Route de Paris N23, Tel. 02 41 43 74 25, Kategorie 2*

Le Clafoutis
Gute Küche zu vernünftigen Preisen, werktags günstiges Mittagsmenü. Leider etwas außerhalb in der Nähe des Ausstellungsparks. *Sa mittag, So und Mo abend geschl., Autobahn Richtung Nantes, Abfahrt Lac de Maine, Tel. 02 41 43 84 71, Kategorie 2–3*

L'Entrecôte
Preiswertes Restaurant, nur Mittagstisch. *Sa, So geschl., av. Joxé (M.I.N.) über av. M. Talet und av. Besnardière, Tel. 02 41 43 71 77, Kategorie 2–3*

Provence Caffé
Restaurant mit eigenem Stil und einem guten Preis-Leistungs-Verhältnis. *So geschl., 9, pl. Ralliement, Tel. 02 41 87 44 15, Kategorie 2*

Pavillon Le Quéré
Feines Restaurant in einem alten Stadthaus des 19. Jhs. – und was noch? Eine Scheibe Gänseleber mit Artischocken, Steinbutt in Kalbssaft. Beste Anjou-Weine, und schon funkelt ein Stern am Michelin-Firmament. Nichtrauchersaal vorhanden. *3, bd. Maréchal Foch, Tel. 02 41 20 00 20, 10 Zi., Kategorie 1*

Le Toussaint
Die besten Zeiten sind vorbei, aber die Küche ist immer noch ganz ordentlich, und die Preise haben sich (nach unten) angepaßt. Gute Regionalküche. *So abend und Mo geschl., 7–9, pl. Kennedy, Tel. 02 41 87 46 20, Kategorie 2*

EINKAUFEN

Gute Einkaufsmöglichkeiten auf den Boulevards und in der Fußgängerzone. Jeden Samstag riesiger Blumenmarkt mit Gemüse, Pflanzen, Obst, aber auch frischem Meeresgetier. Erstklassiger Käseladen (Ziegenkäse): *Fromage Passion* in der Fußgängerzone *(33, rue St-Laud).* ✱ Flohmarkt mit Musik und Kleinkunst auf der *Place Pilori.*

Kaufen Sie in einem der vielen Weingeschäfte *Quarts de Chaume,* der seltene, edelsüße Weißwein aus der Chenin-blanc-Traube wird hier angebaut. Nur 700 Hektoliter werden jährlich produziert. Schmeckt wie Sauternes, ist nur ungleich billiger. Früher haben ihn die Feudalherren einfach requiriert – das beste Viertel für den eigenen Gaumen, daher der Name. Cointreau, der berühmte bittersüße Orangenlikör, wird in Angers hergestellt. Die Brennerei kann besichtigt werden. Es wurde sogar ein Cointreau-Museum eingerichtet.

HOTELS

Anjou
Sehr schönes Hotel im Altbau, mit Restaurant *Salamandre (Kategorie 2). 1, bd. Maréchal Foch, Tel. 02 41 88 24 82, Fax 02 41 87 22 21, 53 Zi., Kategorie 1–2*

Ibis
Modernes, funktionales Haus. *Rue Poissonnerie, Tel. 02 41 86 15 15, Fax 02 41 87 10 41, 95 Zi., Kategorie 2*

Royal
Sehr einfaches Haus, günstig. *Pl. Visitation, Tel. 02 41 88 30 25, Fax 02 41 43 78 76, 40 Zi., Kategorie 3*

St-Julien
Haus mit mittlerem Komfort im Zentrum. *9, pl. Ralliement, Tel. 02 41 88 41 62, Fax 02 41 20 95 19, 34 Zi., Kategorie 2*

SPIEL UND SPORT

Golf
Zwei 18-Loch-Plätze. *De la Perrière* in Avrillé *(Tel. 02 41 69 22 50)* und ein anderer Richtung Poitiers *(Tel. 02 41 91 96 56)*

Jardin des Plantes
Englischer Garten mit künstlichen Seen, Bäumen und Zierpflanzen. *Rue Boreau*

Lac de Maine
Sportzentrum am künstlichen Maine-See.

Loire-Kreuzfahrt
Mit Panoramaschiffen auf die Loire. *Anjou-Croisières, quai de la Savatte, Tel. 02 41 88 37 47*

AM ABEND

In allen drei Altstadtvierteln gibt es genügend Szenetreffs und Kneipen. Mittelpunkt: Die Place du Ralliement.

AUSKUNFT

Office de tourisme
Place Kennedy, Tel. 02 41 23 51 11, Fax 02 41 23 51 10

ZIELE IN DER UMGEBUNG

Ancenis **(109/E 3)**
Das Schloß *La Bourgonnière* (19. Jh.) mit großem Schloßpark, mächtigem mittelalterlichem Bergfried (15. Jh.) und der sehr schönen Renaissanceschloßkapelle (16. Jh.) befindet sich südöstlich der Stadt. *Eintritt 16 FF*

Beaulieu-sur-Layon **(110/B 4)**
Hübscher Weinort mit malerischen Winzerhäusern. Schöne Fahrt durchs Layon-Tal mit Weinbergen und Schlößchen.

Béhuard **(110/B 4)**
Inseldorf in der Loire mit alten Häusern und einer sehenswerten Kirche aus dem 15. Jh., Opferstock aus einem ausgehöhlten Eichenbaum.

Brissac-Quincé **(110/B 4)**
Eindrucksvolles Renaissanceschloß (17. Jh.) mit zwei Rundtürmen, Überbleibsel einer Burg aus dem 15. Jh. Prächtige Inneneinrichtung. *April–Juni, Sept., Okt. tgl. 9.30–11.30, 14.15–17.15 Uhr, Juli–Aug. 9.30–17.45 Uhr, Eintritt 35 FF*

Château du Plessis-Bourré **(110/B 3)**
Trutzige Wasserburg mit mächtigen Ecktürmen. 1468–73 von Jean Bourré, Schatzmeister von Ludwig XI., erbaut. Sehr schöne Renaissance-Inneneinrichtung, Gardesaal mit Holzdecke, die Ende des 15. Jhs. mit allegorischen Figuren bemalt wurde. *Eintritt 18 FF*

Château de Serrant **(110/A–B 4)**
Eines der schönsten Renaissanceschlösser (16.–18. Jh.) an der Loire, umgeben von Wassergräben. Rundtürme mit Kuppeln. Im Innern: flämische Wandteppiche im Speisesaal, große Steintreppe in den 1. Stock. Kassettendecke, Bibliothek mit 10 000 Bänden, Prunkgemächer, in denen Napoleon und Ludwig XIV. als Gäste weilten. *Eintritt 30 FF*

Montgeoffroy **(110/C 4)**
Das Schloß wurde im 18. Jh. für den Marschall von Contades errichtet. Sein Mittelbau wird von zwei niedrigen Pavillons umgeben. Schöne Inneneinrichtung mit Möbeln der Zeit, künstlerischen Vorhängen und Wandteppichen. *Eintritt 30 FF*

Montjean-sur-Loire **(110/A 4)**
Das Ecomusée *La Forge* ist ein Tip für Familien mit Kindern. Die Attraktion des Freiluftmuseums ist der rekonstruierte Frachtensegler »La Montjeannaise«, mit dem man wie zu alten Zeiten

auf der Loire schippern kann. *Mai–15. Sept. Di–So 15–18.30 Uhr, Eintritt 20 FF, pl. du Vallon*

Les Ponts-de-Cé **(110/B 4)**
Kleines Städtchen mit hübschem Schloß aus dem 13. Jh., der bevorzugte Aufenthaltsort von Herzog René von Anjou. Sieben Brücken überspannen die verschiedenen Loire-Flußarme von Insel zu Insel. Interessantes Heimatmuseum mit den verschiedensten Hauben des Anjou. *April–Sept. Mo–Sa 14–18 Uhr, Eintritt 5 FF*

Rochefort-sur-Loire **(110/B 4)**
Entzückender Weinort am Louet, einem Seitenarm der Loire. Auf einem Granitfelsen über dem Dorf steht die Ruine der Festung St-Offange, die im 16. Jh. einer berüchtigten Räuberbande als Unterschlupf gedient haben soll. Die Weiterfahrt auf der ★ *Corniche Angevine* bis Chalonnes bietet zauberhafte Ausblicke auf die Loire, Hügel und Täler.

St-Florent-le-Vieil **(110/A 4)**
Gut erhaltene Benediktinerabtei. Hier endete der Aufstand der königstreuen Chouans gegen die junge französische Republik. Der Chouans-Anführer Marquis Charles de Bonchamps war mit einer schweren Verletzung nach St-Florent gebracht worden. Inzwischen hatten seine Truppen in der Abtei mehrere hundert Republikaner zusammengetrieben, um sie umzubringen. Doch auf seinem Sterbebett untersagte der Marquis diese grausige Bluttat. Er wurde im Kloster unter einem Grabmal von David d'Angers beigesetzt.

SAUMUR

(110/C 5) ★ Das Profil der Stadt ist edel, vielleicht sogar edler als das von Angers. Saumur liegt direkt am großen Fluß. Schloß, Brücke, Turmspitzen und Loire präsentieren sich als eindrucksvolles Bild. Man kann es kaum glauben, daß diese Stadt (31 000 Ew.) im Zweiten Weltkrieg stark beschädigt wurde, so behutsam ging der Wiederaufbau vonstatten.

Nach den Verwüstungen durch die Normannen im 9. Jh. war Saumur lange Zeit Zankapfel zwischen den Grafen von Blois und Anjou – bis König Philipp August die Stadt der Krone einverleibte. Im 16. Jh. erlebte Saumur mit der Reformation eine Blütezeit. Es wurde Hochburg der Hugenotten. Philippe de Duplessis-Mornay, der sogenannte Hugenottenpapst, gründete hier 1599 (nach dem Toleranzedikt von Nantes) eine protestantische Hochschule, die schnell berühmt wurde und Studenten aus allen Teilen des reformierten Europa anzog. Saumur blühte auch wirtschaftlich auf. Um so katastrophaler wirkte sich die Aufhebung des Toleranzedikts 1685 aus: Die Hälfte der Bürger verließ die Stadt. Manche Historiker behaupten, daß sich Saumur von diesem Schlag bis heute nicht mehr erholt hat. Das moderne Saumur ist Zentrum des Weinhandels und der Schaumweinherstellung, außerdem werden hier Rosenkränze und sakrale Medaillen produziert. In den Tuffsteinhöhlen der Region werden die köstlichen Champignons gezüchtet. Und hier befindet sich Europas größte Fabrik für Karnevalsmasken.

Festlich angestrahlt ragt Schloß Saumur in die Sommernacht

BESICHTIGUNGEN

Château

Auf dem Unterbau einer wesentlich älteren Burg ließ Herzog Ludwig von Anjou ab 1370 eine neue, vierflügelige Festung mit runden Ecktürmen errichten – das Wahrzeichen von Saumur. Unter Napoleon diente sie als Staatsgefängnis und Kaserne. Vom *Wachturm Du Gue* hat man einen schönen Blick über die Stadt und den Zusammenfluß von Loire und Thouet. *Eintritt 20 FF*

Hôtel de Ville

Das Rathaus (16. Jh.) war früher Teil der befestigten Stadtmauer, die unmittelbar am Loire-Ufer verlief.

Militärschule für die Kavallerie

Bereits seit über 200 Jahren besteht das Régiment des Carabiniers in Saumur. Die Elitereiter der Armee sind in den alten Kasernen untergebracht, die zwischen 1767 und 1770 entstanden sind. Das Kavalleriemuseum zeigt eine große Dokumentation aus der Geschichte der französischen Kavallerie. *Mo, Fr und Aug. geschl., Sa und So 9–11.30 und 14–17 Uhr, Eintritt 15 FF, av. Foch*

Notre-Dame-de-Nantilly

Romanische Abteikirche (12. Jh.) mit kostbaren Wandteppichen aus dem 15.–17. Jh. In einer Seitenkapelle steht die hölzerne Madonna (13. Jh.), die König Ludwig XI. so verehrt hatte.

St-Pierre

Romanische Kirche aus dem 12. Jh. Portal am Querhaus und Vierungsturm mit schlanker Spitze. Kostbare Wandbehänge (16. Jh.) mit Szenen aus dem Leben des hl. Petrus.

MUSEEN

Musée des Arts Décoratifs

Möbel, Skulpturen, Fayencen, Wandteppiche, Gemälde, Meßgewänder aus verschiedenen Epochen. *Juli–Sept. tgl. 9–18.30 Uhr, April–Juni, Okt. 9–11.30 und 14–17 Uhr, Nov.–März Mi–Mo 9.30–11.30 und 14–17 Uhr, Eintritt 15 FF, im 1. Stock des Schlosses*

Musée du Cheval

★ Die erstaunliche Kulturgeschichte des Pferdes und des

Reitsports. *Öffnungszeiten wie im Museé des Arts Décoratifs. Im 2. Stock des Schlosses*

RESTAURANTS

La Croquière
Einfaches Lokal mit sehr gutem Preis-Leistungs-Verhältnis. *So abend und Mo geschl., 42, rue Maréchal Leclerc, Tel. 02 41 51 31 45, Kategorie 2–3*

Les Délices du Château
Gute Küche im Schloßrestaurant mit sehr schöner Terrasse. *So abend, Mo (Okt.–Mai) geschl., Schloßhof, Tel. 02 41 67 65 60, Kategorie 2*

Les Ménestrels
Angenehmes Lokal mit vielen regionalen Spezialitäten unterhalb des Schlosses, gute Weinkarte. *So, Mo mittag und 2.–14. Jan. geschl., 11, rue Raspail, Tel. 02 41 67 71 10, Kategorie 2*

EINKAUFEN

Saumur-Weine (weiß, rot, rosé) und Schaumweine. Champignon-Spezialitäten im Glas.

Das Lager eines Weinkellers bei Saumur wird kritisch geprüft

HOTELS

Anne d'Anjou
Sehr schönes Haus aus dem 18. Jh., Loire-Blick. *23. Dez.–3. Jan. geschl., 32, quai Mayaud, Tel. 02 41 67 30 30, Fax 02 41 67 31 00, 50 Zi., Kategorie 2*

Croix Verte
Einfaches Hotel mit Restaurant. *23. Dez.–5. Jan. geschl., 49, rue Rouen, Tel. 02 41 67 39 31, Fax 02 41 67 74 88, 18 Zi., Kategorie 3*

Loire
Komfortables Hotel auf der Ile d'Offard mit Blick auf die Silhouette von Saumur. *Rue Vieux Port, Tel. 02 41 67 22 42, Fax 02 41 67 88 80, 45 Zi., Kategorie 2*

Prieuré
Sehr angenehmes, ruhiges Hotel mit hervorragendem Service, das auch über ein Restaurant verfügt. Das wohl beste Haus vor Ort. *In Chênehutte les Tuffeaux,* **(110/C 5),** *D 751, Tel. 02 41 67 90 14, Fax 02 41 67 92 22, 18 Zi., Kategorie 1–2*

AUSKUNFT

Office de tourisme
Place Bilange, Tel. 02 41 40 20 60, Fax 02 41 67 89 51

ZIELE IN DER UMGEBUNG

Bagneux **(110/C 5)**
Der *Grand Dolmen* ist ein steinzeitliches Hünengrab, 20 m breit, mit sechs aufrecht stehenden Steinen und einer Deckplatte. Alter: vermutlich 6000 Jahre.

Boumois **(110/C 5)**
Elegantes Wohnschloß, Übergang von der Spätgotik zur Re-

naissance (16. Jh.), von Festungsmauern umgeben und von Wehrtürmen flankiert. *Eintritt 30 FF*

Cunault **(110/C 5)**
Erhebende romanische Abteikirche Notre-Dame aus dem 11. Jh., die dem burgundischen Kloster von Tournus unterstand. Gewaltiges Kirchenschiff, interessante Kapitelle.

Fontevraud **(111/D 5)**
★ Eine der bedeutendsten Abteien Frankreichs, die größte Sehenswürdigkeit des Anjou. 1099 wurde der Orden von Fontevraud vom Prediger und Einsiedler Robert d'Arbrissel gegründet. Bald schickten die einflußreichsten Familien ihre Töchter nach Fontevraud, der Orden wurde steinreich. Das mächtige Geschlecht der Plantagenets schützte das Kloster und seine Äbtissinnen, die übrigens auch den Mönchen vorstanden, eine im Mittelalter ganz ungewöhnliche Situation. Hier starb 1204 die berühmte Eléonore von Aquitanien, Gemahlin des englischen Königs Heinrich II., vormalige Gemahlin des Königs von Frankreich – die mit Abstand bedeutendste Frau des Mittelalters. Sie wurde neben ihrem Gatten Heinrich bestattet. Zu ihren Füßen ruhen ihr Sohn König Richard Löwenherz und seine Schwägerin Isabelle von Angoulême. Die Grabmale gehören zu den wertvollsten Ausstellungsstücken der monumentalen Klosteranlage. Beeindruckende romanische Abteikirche (1119 geweiht) mit Kreuzgang. Besonders sehenswert: der Küchenbau des Klosters mit seinen spitzen kegelförmigen Ziegeldächern. *Mi–Mo 9.30–12 und 14 bis 18.30 Uhr, im Winter bis 17.30 Uhr, Eintritt 25 FF, Auskunft: Abbaye Royale, Tel. 02 41 51 71 41*

Hilaire-St-Florent **(110/C 5)**
Die komplizierte Zucht der köstlichen Pilze wird im *Musée du Champignon,* das in einer Tuffsteinhöhle untergebracht ist, sehr anschaulich dargestellt. *15. März–15. Nov. tgl. 10–12 und 14–18 Uhr, Juli–Aug. 10–18 Uhr, Eintritt 12 FF, Route de Gennes (D 751), Caves Louis Bouchard*

Montreuil-Bellay **(110/C 6)**
Eine pittoreske Anlage über dem Tal des Flusses Thouet. Sie besteht aus drei Schlössern, einer Burg aus dem 13. Jh., dem Neuen Schloß (15. Jh.), hochaufragend über dem Fluß, und dem Kleinen Schloß (15. Jh.) mit mittelalterlicher Küche und vier runden Treppentürmchen. *Mi bis Mo 10–12, 14–17.30 Uhr, Eintritt 32 FF*

Montsoreau **(111/D 5)**
Wehrhaftes Schloß aus dem 15. Jh., das die Handelsstraße zwischen Chinon und Saumur sichern sollte. Das Burgmuseum widmet sich der Geschichte Marokkos und seiner Reitertruppen. *Mi–Mo 10–12, 14–18 Uhr, Eintritt 20 FF*

Le Puy-Notre-Dame **(110/C 6)**
Romanische Wallfahrtskirche aus dem 12.–13. Jh., beeindruckender dreischiffiger Bau, der als wundertätige Reliquie einen angeblichen Gürtel der Muttergottes birgt, der im 12. Jh. aus Jerusalem nach Frankreich gebracht wurde.

Stille Städtchen und dröhnende Motoren

Der kleine Bruder der Loire lädt zu Entdeckungen ein – Schlösser und Höhlen gibt es auch hier

Nein, es ist kein Schreibfehler und keine Verwechslung. Vielmehr ist *der* Loir der kleine Bruder der großen Loire. Still und bescheiden kommt er (nur 350 km kurz) von Norden aus der Gegend von Chartres und mündet bei Angers noch nicht mal in die Loire, sondern in die Sarthe. Sein Lauf ist wie das Spiegelbild vom Tal des großen Flusses, nur eben verträumter, ruhiger. Manche lieben diese bescheidene Stille noch mehr als die Majestät der Loire.

Die Schlösser und Kirchen an seinen Ufern sind nicht ganz so pompös, die Städte kleine, verschlafene Provinznester, in denen man Ruhe und Abstand sucht und findet. Bis auf eine Ausnahme: Le Mans, in dem jedoch nicht nur Motorenlärm dröhnt. Im Grunde genommen gehört die Stadt, die schon früh im 19. Jh. ein Industriezentrum wurde, nicht zum Loir-Tal, lohnt aber trotzdem einen Besuch.

Vendôme am Loir ist ein idyllisches Städtchen mit vielen schönen alten Fachwerkhäusern

LA FLÈCHE

(111/D3) Das freundliche Städtchen (15 000 Ew.) an den Seitenarmen des Loir ist Zentrum des Obsthandels der Maine. Auch La Flèche ist, wenn man so will, eine Königsstadt. Heinrich IV. verbrachte während seiner Jugend eine lange Zeit am Loir. Die Stadt, ursprünglich Besitz der Grafen von Anjou, ging als Mitgift an Charles de Bourbon-Vendôme. Und der war ein Großvater Heinrichs.

BESICHTIGUNGEN

Altes Jesuitenkolleg
1607 von Heinrich IV. gegründet. Schon 15 Jahre später studierten hier über 1500 Schüler, unter ihnen auch der spätere Philosoph René Descartes. 1762 wurde hier das *Prytanée militaire*, eine berühmte Militärschule, eingerichtet, deren Absolventen wegen ihres ungehobelten Benehmens als *brutions* (Grobiane) verschrien waren. Immerhin verließen berühmte französische Offiziere diese Akademie, die noch heute Militärschule ist.

MARCO POLO TIPS FÜR LE LOIR

1 Le Mans
Hübsche Altstadt, schnelle Autos auf der Rennstrecke und ein verträumter Landgasthof im Grünen (Seite 85, 87)

2 Lavardin
Eine romantische Bilderbuchruine (Seite 89)

3 Trôo
Auf steilem Hügel das Höhlendorf samt sprechendem Brunnen (Seite 89)

4 Vendôme
Wo Balzac zur Schule ging – ein beschauliches Städtchen (Seite 88)

Auf dem Gelände kann auch die Kapelle St-Louis mit ihrer prunkvollen barocken Inneneinrichtung besichtigt werden. Sehenswert sind der Hauptaltar, die Orgel von 1637 – und eine vergoldete Urne, die die Asche der Herzen von Heinrich IV. und Maria von Medici enthalten soll.

Château
Château aus dem 15.–17. Jh. am Loir-Ufer. An der Stelle eines früheren Kreuzgangs wurde der Garten der Karmeliter angelegt – heute ein idyllischer Park.

Notre-Dame-des-Vertus
Der romanische Bau birgt im Inneren interessante Renaissanceschnitzereien.

RESTAURANTS

La Fesse d'Ange
Gutes Lokal mit einheimischer Küche, vernünftige Preise. *So abend und Mo geschl. Pl. 8. Mai 1945, Tel. 02 43 94 73 60, Kategorie 2*

Vert Galant
Empfehlenswertes Restaurant mit neun Fremdenzimmern. Sehr gutes Preis-Leistungs-Verhältnis. *70, Grande Rue, Tel. 02 43 94 00 51, Kategorie 2–3*

HOTELS

Image
Preiswertes, ruhiges Haus, mit Restaurant. *50, rue Grollier, Tel. 02 43 94 00 50, Fax 02 43 94 47 19, 20 Zi., Kategorie 3*

Relais Cicero
Schönes, ruhiges Hotel in einem Haus aus dem 17. Jh., sehr gut eingerichtet. *18, bd. Alger, Tel. 02 43 94 14 14, Fax 02 43 45 98 96, 21 Zi., Kategorie 2*

AUSKUNFT

Syndicat d'Initiative
Hôtel de Ville (Rathaus), Tel. 02 43 94 02 53

ZIELE IN DER UMGEBUNG

Château-du-Loir **(111/E 3)**
Sehr hübscher Ort am Yre, einem Nebenfluß des Loir. Altstadt um die Kirche St-Guingalois, die im 16. Jh. der berühmte Dichter Pierre de Ronsard als Prior leitete. Im Innern sieht man

eine monumentale Pietà aus Terrakotta und den hl. Martin zu Pferd. Romanische Krypta unter dem Chor.

Gallerande **(111/D 3)**
Ein riesiger Park, ein stiller See, und davor erhebt sich ein verwunschenes Schloß (Baubeginn: 13. Jh.). Leider kann es nicht besichtigt werden.

Le Lude **(111/D 3)**
Sehr schöne Altstadt mit engen Gassen und einer Burg (13. Jh.), die im 15. Jh. als komfortables Wohnschloß umgebaut wurde. Herrliche Salons, eine Bibliothek mit kostbaren Gobelins und ein beeindruckender Speisesaal. *April–Sept. tgl. 9.30–12, 14 bis 18 Uhr, Eintritt 32 FF*

Im Restaurant *La Renaissance* kann man gut und günstig speisen. *So abend und Mo geschl., 2, av. Libération, Tel. 02 43 94 63 10, Kategorie 2–3*

Zoo Tertre Rouge **(111/D 3)**
Zoologischer Garten *(Parc zoologique)* mitten im Wald. Mit 250 Tierarten, einem großen Gehege für Greifvögel und einem Museum für Naturgeschichte (600 präparierte Tiere der Umgebung). *Tgl. 10–19 Uhr (Sommer) und 10–17 Uhr (Winter), Eintritt 30 FF*

LE MANS

(111/E 2) ★ Eine geschäftige Großstadt (151 000 Ew.) mit viel Industrie, großen Autorennen – und einer entzückenden Altstadt rund um die gotische Kathedrale St-Julien. Le Mans ist auch eine Plantagenet-Stadt. Geoffroy Plantagenet, Graf von Anjou, wurde durch seine Vermählung mit Mathilde, der Enkelin von Wilhelm dem Eroberer, Herzog der Normandie und Graf von Le Mans, sein Sohn Heinrich 1154 König von England. Beide ließen zahlreiche Bauwerke in Le Mans errichten. Heinrichs Sohn Richard Löwenherz rebellierte gegen den Vater und vertrieb ihn aus der Stadt. Nach Richards Tod gab der französische König Philipp August die Grafschaft Maine mit Le Mans an die Löwenherz-Witwe Königin Bérengère; er hatte das Gebiet zuvor dem Löwenherz-Bruder Johann ohne Land abgenommen. Soviel zur Politik des Mittelalters!

Das alte Schloß von La Flèche, heute Rathaus, liegt idyllisch am Loir

BESICHTIGUNGEN

Altstadt

Die gallorömische Siedlung Suindinum entstand auf einem Hügel über dem Fluß Sarthe. Heute finden wir in diesem Teil der Altstadt noch guterhaltene Teile der römischen Stadtmauer aus dem 3. und 4. Jh. Zahlreiche Häuser, Stadtvillen und Paläste stammen aus Mittelalter und Renaissance: Place St-Michel, Rue de la Reine-Bérengère, Grande-Rue, Rue du Pilier Vert, Rue St-Honoré.

Eglise de la Couture

Ursprünglich gehörte die Kirche zu einem Benediktinerkloster. Im 7. Jh. gegründet, wurde seine Fassade im 12. Jh. umgestaltet. Im Innern: romanische Krypta (11. Jh.), eine Madonna mit Kind (1571), Gobelins aus dem 17. Jh., das Sterbegewand des hl. Bertrand, Bischof von Le Mans. Sehr schöner Kreuzgang. *Pl. Briand*

Jardin d'horticulture

Sehr schöner Park mit Grotten, Wasserfall und Blick auf die Kathedrale. Er wurde vom Landschaftsarchitekten Alphand angelegt, der auch die Pläne für den Bois de Boulogne in Paris entwarf. *Rue de l'Eventail*

Rennstrecke

Etwas außerhalb im Süden liegt die große Attraktion der Stadt. Seit 1923 wird hier der Große Preis von Le Mans ausgetragen, das weltberühmte 24-Stunden-Rennen. Die Strecke ist 13,46 km lang. Der Bugatti-Ring daneben, 4,24 km lang, ist Ausbildungspiste für Rennfahrer, aber auch Teststrecke für Firmen.

Ste-Jeanne d'Arc

Der englische König Heinrich II., Graf von Le Mans, gründete 1180 das ehemalige Hospital Coëffort. Im 13. Jh. wurde der große Krankensaal zur Kirche umgebaut, ein Sakralbau von großer Eleganz. *Pl. G. Washington*

St-Julien

Eine der schönsten Kathedralen Frankreichs, dem ersten Bischof von Le Mans geweiht. Romanisches Langhaus mit Rundbogenarkaden aus dem 11. Jh., ein herrlicher gotischer Chor, 34 m hoch, die Säulengalerie des mächtigen Querschiffs aus dem 14.–15. Jh. Besonders beachtenswert: die Chorfenster aus dem 13. Jh.

Rosé d'Anjou, die geniale Vermarktung eines Weins

Vor dem Zweiten Weltkrieg bauten die Anjou-Winzer in der Regel süße Weine an. Einzige Ausnahme war der Rouget, ein hellroter, halbtrockener Tropfen, der so süffig war, daß kaum eine Flasche die Anbauregion verlassen hat. Man trank ihn selbst. Plötzlich aber war ganz Frankreich verrückt nach diesem Rouget, den die Winzer »Anjou rosé« getauft hatten. Die Radioserie »La Famille Duraton« hat für entsprechende Popularität gesorgt: In jeder Sendung gossen sich die sympathischen Familienmitglieder diesen Wein literweise hinter die Binde. Das weckte auch bei den Hörern den Durst.

MUSEEN

Musée d'Automobile
150 Luxuskarossen, Sport- und Rennwagen demonstrieren die Geschichte des Automobils. *Tgl. 10–12 und 14–18 Uhr, außerhalb der Saison Di geschl., Eintritt 40 FF, auf dem Gelände der Rennstrecke, D 139 südlich von Le Mans*

Musée d'Histoire et Folklore
In dem im 15. Jh. erbauten kleinen Palais findet sich eine interessante Sammlung von regionaler Volkskunst und Keramik. *Tgl. 9–12, 14–18 Uhr, Mo, Di geschl., Eintritt 10 FF, Maison de la Reine Bérengère*

Musée Tessé
Reiche Sammlung alter Gemälde im Palais des Marschalls von Tessé. *Tgl. 9–12 und 14–18 Uhr, an Feiertagen geschl., Eintritt 10 FF*

RESTAURANTS

Auberge des Matfeux
★ Ein Ausflug in diesen Gasthof im Grünen lohnt sich: Milchkälber, Freilandenten, Milchlämmer – und ein günstiges Preis-Leistungs-Verhältnis. *So abend und Mo geschl., Arnage, 9 km südöstlich über D 147 und N 23, 500 m nach Ortsende, Tel. 02 43 21 10 71, Kategorie 2–3*

Feuillantine
Lokal mit guter Regionalküche, preiswerte Menüs. *Sa mittag und So geschl., 19 bis rue Foisy, Tel. 02 43 28 00 38, Kategorie 2–3*

Grand Cerf
Restaurant mit Terrasse und preiswertem Mittagstisch. *Sa mittag, So abend und Mo geschl., 8, quai Amiral Lalande, Tel. 02 43 24 16 83, Kategorie 2–3*

Le Grenier à Sel
Herrliches Lokal in einem alten Salzspeicher. Probieren: geschnetzelte Entenbrust mit Orange. *So abend und Mo geschl., 26, pl. de l'Eperon, Tel. 02 43 23 26 30, Kategorie 1–2*

EINKAUFEN

Farbenprächtiger Markt an jedem Sonntagmorgen hinter der Kathedrale. An vielen Ständen kann man direkt vom Erzeuger Obst, Gemüse, Wein, Käse, Honig, Fisch, Fleisch – und als Spezialität zerstoßenes Hühnerfleisch kaufen.

HOTELS

Concorde
Behagliches Haus zwischen Bahnhof und Altstadt, mit schönem Innenhof. *15, av. Gén.-de-Gaulle, Tel. 02 43 24 12 30, Fax 02 43 24 85 74, 60 Zi., Kategorie 2*

Ibis
An der Sarthe, funktionelles Haus der bekannten Hotelkette. *Quai Ledru-Rollin, Tel. 02 43 23 18 23, Fax 02 43 24 00 72, 83 Zi., Kategorie 2*

AUSKUNFT

Office de tourisme
Hôtel des Ursulines, rue Etoile, Tel. 02 43 28 17 22, Fax 02 43 23 37 19

ZIELE IN DER UMGEBUNG

Notre-Dame-de-l'Epau (111/E 2)
1229 von der Löwenherz-Witwe Bérengère am Flüßchen

Huisne gegründete Zisterzienserabtei. Zu besichtigen: Skriptorium, Kapitelsaal und gotische Kirche mit dem Grab der Königin.

Solesmes **(110/C 2)**
Westlich von Le Mans befindet sich am rechten Sarthe-Ufer die eindrucksvolle Benediktinerabtei Solesmes, heute wieder Kloster. Sie wurde 1010 gegründet und während der Revolution zerstört. Im 19. Jh. wurde das Kloster wieder im neuromanisch-gotischen Stil aufgebaut. Sehenswert ist die romanische Abteikirche St-Pierre mit der berühmten Skulpturengruppe »Die Heiligen von Solesmes« aus dem 15. und 16. Jh.

VENDÔME

(112/C 3) ★ Auch Vendôme ist solch ein historischer Knotenpunkt, an dem alle weilten: die Kelten in grauer Vorzeit, Römer, Merowinger, die Grafen von Anjou, die Plantagenets, Heinrich IV., der seinem illegitimem Sohn César die Stadt schenkte, die Revolutionäre, der Dichter Ronsard, der junge Balzac und schließlich die Deutschen. Letztere haben die Stadt 1940 ziemlich kaputtgeschossen. Vendôme (20 000 Ew.) wurde vorbildlich wieder aufgebaut.

BESICHTIGUNGEN

Altstadt
Hübsches Viertel um die Rue St-Jacques und die Rue Poterie zwischen den beiden Armen des Loir. Tore, Türme, Kapellen, Stadtpaläste und Geschäfte laden zum Spazieren ein.

L'Ancien Collège des Oratoires
Die Bildungsanstalt wurde 1623 von César de Vendôme gegründet und beherbergt heute immer noch ein Gymnasium. Honoré de Balzac, geboren in Tours, drückte hier von 1807 bis 13 als aufsässiger Schüler die Schulbank. Diese Jahre beschrieb der Dichter in seinem Roman »Louis Lambert«.

Burg
Die Ruine liegt auf einem Hügel über dem Loir. Mächtiger Bergfried Tour de Poitiers. Von der Stiftskirche St-Georges sind nur noch die Grundmauern übrig. Hier liegen Jeanne d'Albret und Antoine de Bourbon, die Eltern des Guten Königs Heinrich IV., begraben. Schöner Blick von den Schloßterrassen auf Vendôme und das Loir-Tal. *Mi–Mo 10–12, 14–18 Uhr, Eintritt 10 FF*

Eglise de la Trinité
Geoffroy Martel, Sohn des Anjou-Grafen Fulco Nerra, gründete im 11. Jh. das Kloster. Die Dreifaltigkeitskirche wurde 1040 geweiht. Geoffroy Martel hatte von einem Kreuzzug aus Konstantinopel eine Reliquie mitgebracht, die die Kirche im leichtgläubigen Mittelalter bis zur Französischen Revolution zum Ziel ganzer Pilgerscharen machte: eine Träne von Jesus, die dieser am Grab des Lazarus vergossen haben soll.

Der mächtige Glockenturm des Gotteshauses stammt aus dem 12. Jh., spätgotisch ist die Fassade des Langhauses. Ein frühes Meisterwerk der Glasmalerei ist das Marienfenster (12. Jh.).

MUSEUM

Musée municipal
In den Konventgebäuden des alten Klosters finden sich eine prähistorische Sammlung und Erinnerungen an den Dichter Pierre de Ronsard. *Mi–Mo 10–12 und 14–18 Uhr, Eintritt 10 FF*

RESTAURANTS

Jardin du Loir
Einfaches Lokal mit guter Küche. *Mi geschl., pl. Madeleine, Tel. 02 54 77 20 79, Kategorie 2*

Le Paris
Regionale Küche, werktags preiswerter Mittagstisch. *So abend und Mo geschl., 1, rue Darreau, Tel. 02 54 77 02 71, Kategorie 2–3*

HOTELS

Capricorne
Hotel mit mittlerem Komfort und Snack-Restaurant. *Gegenüber vom Bahnhof, Tel. 02 54 80 27 00, Fax 02 54 77 30 63, 34 Zi., Kategorie 3*

Vendôme
Erstes Haus am Platz mit Restaurant. *15, faubourg Chartrain, Tel. 02 54 77 02 88, Fax 02 54 73 90 71, 35 Zi., Kategorie 2*

AUSKUNFT

Office de tourisme le Saillant
47/49, rue Poterie, Tel. 02 54 77 05 07, Fax 02 54 73 20 81

ZIELE IN DER UMGEBUNG

Lavardin (112/B 3)
★ Sehr romantische Burgruine (11.–14. Jh.) auf einem Felsvorsprung über dem Loir mit unterirdischen Gängen und Felskammern. Die ehemalige Festung der Grafen von Vendôme war im 12. Jh. in die Kriege zwischen den Kapetingern und den Grafen von Anjou verwickelt. 1590 wurde sie von den Truppen Heinrichs IV. eingenommen und daraufhin auf dessen Befehl geschleift.

Manoir La Poissonnière (111/F 3)
Sehr schönes Herrenhaus (Anfang 16. Jh.) im italienischen Stil aus weißem Stein. Hier wurde 1524 der Dichter Pierre de Ronsard geboren, im nahen *Couture-sur-Loir* liegen seine Eltern begraben. Diese Verbundenheit hat einen Konditor gegenüber der Kirche zu einer süßen Leckerei animiert: Les Ronsardises – delikate Haselnußkekse in Form eines R.

Poncé-sur-le-Loir (111/F 3)
Ein gut erhaltenes Schloß mit einer der schönsten Renaissancetreppen in ganz Frankreich: sechs Läufe unter edel skulptierten Deckengewölben. Sehenswert ist auch das große Taubenhaus im Park. *Tgl. 10–12, 14–19 Uhr, Eintritt 20 FF*

Trôo (111/F 3)
★ Die Stadt der Höhlenbewohner – die Häuser des kleinen Ortes (500 Ew.) sind teilweise tief in den Kalkfelsen hineingebaut. Von der Oberstadt, der alten Festung, hat man einen weiten Blick, in der Unterstadt liegt die schöne Stiftskirche St-Martin aus dem 12. Jh. und daneben ein sprechender Brunnen *(Grand Puits)*. Er ist 45 m tief und hat ein enormes Echo.

Durch den lieblichen Garten Frankreichs

Die hier beschriebenen Routen sind auf der Übersichtskarte im vorderen Umschlag und im Reiseatlas ab Seite 108 grün markiert

① VON SCHLOSS ZU SCHLOSS DURCH DAS TAL DER LOIRE

Diese Tour ist die Königsdisziplin an der Loire. Auf dem Besichtigungsprogramm stehen jene berühmten Schlösser, die die Region in aller Welt bekannt machten: Chambord, Chenonceaux, Cheverny und viele mehr. Die Route führt gleichzeitig an etlichen Spitzenrestaurants vorbei, so daß Sie aus der Kulturtour leicht eine Gourmetrundreise machen können. Für die Route durch den »Gartens Frankreichs« sollten Sie sich 3–5 Tage Zeit lassen – je nachdem, ob Sie alle oder nur einige Schlösser besichtigen möchten. Länge der Fahrt: ca. 300 km.

Die Rundreise beginnt in *Blois (S. 45),* der alten Stadt an der Loire, dem » Versailles der Renaissance«. Dem Stadtkern sollten Sie sich über die alte Loire-Brücke Pont Gabriel aus dem aus dem 18. Jh. nähern und anschließend durch die bezaubernde Altstadt rund um die Kathedrale bummeln. Nach dem Mittagessen dann das Highlight des Tages: Besuch des Schlosses von Blois, ein Château, in dem französische Geschichte geschrieben wurde. Das wohl berühmteste Detail: der Treppenturm Franz' I., ein eindrucksvolles Bauwerk der Renaissance. Nach der Schloßbesichtigung, die den ganzen Tag in Anspruch nehmen wird, hier ein Tip für das Abendessen: das Restaurant *Au Rendez-vous des Pêcheurs (S. 46),* ein kulinarisches Großerlebnis.

Brechen Sie am nächsten Morgen möglichst zeitig auf. Sie fahren auf der D 33 nach Osten. Das erste Ziel ist das imposante *Château Chambord (S. 47),* der Höhepunkt dieses Tages. Das Schloß ist Hauptanziehungspunkt etlicher Touristengruppen, deshalb sollten Sie möglichst am frühen Vormittag, wenn sich der Trubel noch in Grenzen hält, mit der Besichtigung beginnen. Nach einem Rundgang durch das Schloß sei ein kleiner Spaziergang im schön angelegten Park mit Wildgehege empfohlen. Hier bietet sich auch ein Picknick an.

Von Chambord aus fahren Sie nun nach *Bracieux (S. 36)* – Zeit für ein Mittagessen. Im *Restaurant Bernard Robin* steht einer der begabtesten Küchenchefs des

Loire-Tals am Herd. Die Fahrt geht weiter über *Villesavin (S. 49)*, danach steht für Sie der elegante Herrensitz *Château Cheverny (S. 49)* auf dem Programm. Über Contres gelangen Sie nach *Montrichard*, wo der Blick vom mittelalterlichen Donjon (Bergfried) über die Stadt und das Tal des Cher ein Hochgenuß ist. Der letzte Besichtungspunkt des Tages: *Château Chenonceaux (S. 59)*, für viele das schönste Loire-Schloß, obwohl es doch am Cher steht. Die Galeriebrücke über den Fluß dürfte einzigartig auf der Welt sein. Nach der Besichtigung fahren Sie wieder zurück nach Montrichard und von dort über die D 764 nach *Loches (S.63)*, dem letzten Tagesziel, wo Sie übernachten können.

Der nächste Tag beginnt mit der Besichtigung von Loches. Dann geht es weiter über Ste-Maure-de-Touraine ins Tal der Vienne. *Chinon (S. 60)*, die alte Königsstadt, ist Ziel der nächsten Etappe. Das gewaltige Schloß über der Altstadt besteht aus drei Burganlagen. Empfehlung für das Mittagessen: *Au Plaisir Gourmand (S. 61)*, ein Restaurant der gehobenen Klasse. Als Dessert besuchen Sie anschließend das *Château Ussé (S. 63)*, ein Märchenschloß mit orientalischer Waffensammlung. Nach so vielen geistigen Genüssen können Sie nun einen Ausflug ins Bacchantische machen: ins berühmte Rotweindorf *Bourgueil (S. 62)*, um, wenn Sie mögen, einen edlen Tropfen zu probieren. Ob Sie in dieser Gegend übernachten oder nicht, das nächste Ziel liegt auf jeden Fall am nördlichen Loire-Ufer: *Langeais (S. 69)* mit seiner mittelalterlichen Königsburg. Dann geht es auf die südliche Loire-Seite zurück, zum *Château Azay-le-Rideau (S. 69)*, Renaissance in höchster Vollendung. Freunde des französischen Schriftstellers Balzac (1799 bis 1850) finden nur 6 km östlich vom Château Azay-le-Rideau das Schlößchen *Saché*, in dem Balzac seine Werke »Vater Goriot« und »Die Lilie im Tal« geschrieben hat. Ein *Museum* erinnert an den Dichter *(März-Sept. tgl. 9–12, 14–18 Uhr, Juli, Aug. 10–12, 14–19 Uhr)*. Über die D 57 geht es zum Korbflechterdorf *Villaines-les-Rochers.* Viele der Dorfbewohner leben noch in Höhlen. Hier können Sie sich über dieses alte Handwerk informieren und selbstverständlich auch Korbwaren erstehen. Die Nacht verbringen Sie am besten in *Tours (S. 66)*. Mit einem ausgedehnten Bummel durch die Altstadt beschließen Sie den Tag.

Am nächsten Vormittag können Sie das Schloß besichtigen oder der Kathedrale, der Basilika St-Martin und dem Wachsfigurenkabinett *Historial de la Touraine* einen Besuch abstatten. Auch ein Bummel durch die Markthallen (*Rue des Halles*) lohnt sich. Anschließend machen Sie sich auf den Weg nach *Amboise (S. 55)*. In dem herrlichen Loire-Städtchen beschloß Leonardo da Vinci sein Leben. Tips für das Mittagessen: *Le Manoir Saint-Thomas* oder *Le Choiseul (S. 58)*. Natürlich gibt es auch in Amboise ein Schloß zu besichtigen. Zur Abwechslung können Sie sich aber auch Postkutschen im *Musée de la Poste* anschauen (*6, rue Jouyeuse, Mai-Sept. tgl. außer Mo 9.30–12 und 14–18.30 Uhr, Okt. bis April tgl. außer Mo 10–17 Uhr)*. Das

Château Chaumont-sur-Loire (S. 49) ist das vorletzte Ziel, bevor Sie schließlich wieder in Blois ankommen. Den krönenden Abschluß dieser Rundfahrt bildet der Besuch einer traditionellen Schokoladenfabrik, der *Chocolaterie Poulain (6, av. Gambetta)*.

② DURCH STILLE DÖRFER ABSEITS DER GROSSEN STRASSEN

Ein eher stilles Vergnügen für Genießer ist die Fahrt, die von Angers durch stille Dörfer und kleine Städte abseits der großen Routen führt. Sie besuchen das entzückende Loir-Städtchen La Flèche, die alte Abtei Fontevraud und Saumur, bevor Sie wieder entlang des Tals der Loire nach Anger zurückkehren. Für den Rundkurs mit einer Gesamtlänge von ca. 250 km sollten Sie einen Tag einplanen.

Angers (S. 71), das historische Zentrum des lieblichen Anjou, ist der Ausgangspunkt der Route. Die Stadt hat einiges zu bieten: z. B. die Altstadtbereiche zwischen Schloß und Kathedrale, die Kathedrale St-Maurice selbst und natürlich das berühmte Schloß, ein wuchtiger Bau mit 17 Rundtürmen. Im Innern finden Sie eine unvergleichliche Sammlung von Gobelins. Besonders bemerkenswert ist die 107 m lange Tapisserie der Apokalypse. Empfehlung für ein anschließendes Picknick: der Stadtpark *La Garenne* im Westen Angers. Als Alternative bietet sich eine Erholungsstunde am örtlichen Badesee *Lac de Maine* (mit Wassersportzentrum) an.

Über die D 52 geht die Fahrt weiter entlang des hübschen Tals des Loire-Nebenflusses Sarthe, bis Sie *Châteauneuf-sur-Sarthe* erreichen, einen kleinen, verträumten Ort. Hier biegen Sie rechts nach *La Flèche (S. 83)* ab. Das Städtchen liegt am Loir, dem kleinen Bruder der Loire. Am örtlichen Jesuitenkolleg hat der große französische Denker Réne Descartes studiert; sehenswert ist auch das Schloß mit seinem idyllischen Park. Die nächsten Kilometer durch das romantische Loir-Tal sind eine Spazierfahrt zum Genießen. Bald erreichen Sie *Le Lude (S. 85)*, ein ehemaliges Herzogtum mit einer mittelalterlichen Altstadt und einem bedeutenden Schloß. Dann geht es am Fluß entlang bis nach *Château-du-Loir (S. 84)* mit seinen Gassen rund um die Kirche St-Guingalois. Hier biegen Sie rechts ab Richtung Château-la-Vallière. Nach 13 km lädt in *Rillé* ein See zu einem kleinen Spaziergang am Ufer ein. Über Bourgueil erreichen Sie das nächste Highlight des Tages: die berühmte *Abtei Fontevraud (S. 81)*, eine mittelalterliche Klosteranlage, in der Eleonore von Aquitanien und ihr Gemahl Heinrich II., König von England, die letzte Ruhe fanden. Auch deren Sohn Richard Löwenherz sowie Isabelle von Angoulême wurden hier begraben. Bemerkenswert: die Klosterküche, in der Ihnen ein Stück mittelalterliches Alltagsleben nahegebracht wird.

Bei einem Besuch der Stadt *Saumur (S. 78)*, ebenfalls ein bekanntes Wein- und Sektstädtchen, sollten Sie sich auf der Schloßterrasse kulinarisch verwöhnen lassen *(Les Délices du Château, S. 80)*. Pferdenarren werden sich noch das *Musée International du Cheval* ansehen. Dann fahren Sie am Fluß entlang zurück nach Angers, vorbei an Kalksteinhöhlen, in denen die köstlichen Champignons von Saumur gezüchtet werden.

③ DURCH DIE WÄLDER DER SOLOGNE

Diese Route führt durch die französische Provinz im besten Sinne: eine stille Landschaft mit weiten Wäldern, einst beliebtes Jagdrevier der französischen Könige. Hier bieten sich genügend Gelegenheiten zum Wandern. Das sollten Sie auch tun, denn den vielen hervorragenden Restaurants der Gegend können Sie nur mit einem guten Appetit gerecht werden. Für die ca. 290 km der Rundreise sollten Sie drei Tage veranschlagen.

Ausgangspunkt die die kleine Großstadt an der Loire, *Orléans (S. 50)*. In den Gassen der Stadt ist nach wie vor der Geist der Jeanne d' Arc zu spüren. Ihr Reiterstandbild ist in der Altstadt in der Nähe der Kathedrale zu sehen. Nach der Stadtbesichtigung (gute Museen!) und dem Lunch machen Sie sich auf den Weg in Richtung Süden in die Sologne. Auf der N 20 erreichen Sie bald *La Ferté-St-Aubin*. Das Schloß aus dem 17. Jh. kann nur von außen besichtigt werden. Auf der D 922 geht es nun weiter nach *Romorantin-Lanthenay (S. 35)*, dem Ziel der ersten Etappe. Das hübsche Städtchen besitzt ein altes Schloß, einige Renaissanceholzhäuser in der Rue du Four und mindestens zwei Restaurants, die das Herz eines Feinschmeckers höher schlagen lassen: das *Grand Hôtel du Lion d'Or* und das *Lanthenay (S. 36)*. Nach einem Stadtbummel am nächsten Vormittag schlagen Sie den Weg in Richtung Osten ein. Auf der D 724 und D 924 fahren Sie über *Salbris* an der Sauldre (Kirche aus dem 15. Jh. mit sehenswertem Altar), nach *Aubigny-sur-Nère*, der Stadt der schottischen Stuarts, die sich im 15. Jh. hier niedergelassen hatten. Die Stadt besticht durch ihre hübschen Fachwerkhäuser aus dem 16. Jh. und das Château der Stuarts. Auf der D 923 geht es weiter nach *Sancerre (S. 36)*. Und weil Sie damit ein weltberühmtes Weinstädtchen erreicht haben, lassen Sie besser für diesen Tag das Auto stehen: Die Altstadt von Sancerre, der Tour des Fiefs und die vielen Probierstuben lassen sich zu Fuß viel besser »abklappern«. Nach dem Abendessen sei noch ein Spaziergang auf der Promenade de la Porte César empfohlen. Am nächsten Tag erreichen Sie wieder das Tal der Loire, die aus dem Burgundischen kommt und in nordwestliche Richtung fließt. Die Uferstraße führt Sie nach *Cosne-sur-Loire* und *Briare (S. 34)* mit seinem 664 m langen Brückenwunderwerk aus dem 19. Jh. Der nächste Ort ist *Gien (S. 33)*, ein zauberhaftes Städtchen mit alten Bürgerhäusern und dem Château de Gien. Hinter Gien wechseln Sie erneut die Flußseite. Nach etwa 25 km taucht die Silhouette von *Sully-sur-Loire (S. 38)* auf. Das Wasserschloß Château de Sully gehört zu den schönsten Bauwerken der Region. Nach dem Mittagessen ist die über 1000 Jahre alte Benediktiner-Abtei *St-Benoît-sur-Loire (S. 39)*, die angeblich im Besitz der Gebeine des hl. Benedikts ist, das nächste Ziel. Danach kehren Sie über *Châteauneuf (S. 53)* mit seinem Schloß und dem herrlichen Rhododendronpark nach Orléans zurück.

Von Auskunft bis Zoll

Hier finden Sie kurzgefaßt die wichtigsten Informationen und Adressen für ihre Loire-Reise

AUSKUNFT

Französisches Verkehrsbüro Maison de la France
– Westendstraße 47, 60325 Frankfurt/Main, Tel. 0910/57 00 25
– Gandinerstraße 41 a, 1040 Wien, Tel. 01/503 28 90, Fax 503 28 71
– Löwenstraße 59, Postfach 7226, 8023 Zürich, Tel. 01/211 30 85, Fax 212 16 44

ARZT

Ein Auslandskrankenschein garantiert nicht, daß der französische Arzt ihn auch akzeptiert – dann müssen Sie zunächst bar bezahlen und die Rechnung ihrer Krankenkasse zu Hause zur Erstattung einreichen. Der Besuch bei einem praktischen Arzt kostet durchschnittlich rund 120 FF. Eine private Reise-Krankenversicherung, die vor Reiseantritt abgeschlossen werden muß, ist zu empfehlen.

AUTO

Höchstgeschwindigkeiten: In geschlossenen Ortschaften 50 km/h; National- und Départementstraßen 90 km/h (bei Regen 80); auf Schnellstraßen 110 (bei Regen 100 km/h); Autobahnen 130 km/h (110 km/h bei Regen). Alkohol: 0,5 Promille-Grenze, am Sonntag macht die Polizei verstärkt Kontrollen. Es herrscht Gurtpflicht. Grüne Versicherungskarte ist empfehlenswert, Auslandsschutzbrief und Vollkaskoversicherung ebenfalls. Bei Verkehrsunfall zwei Zeugen sichern, eigene Haftpflichtversicherung sowie die französische Korrespondenzgesellschaft verständigen. Auf keinen Fall ein Schuldanerkenntnis unterschreiben! Bei Bagatellunfällen sollten Sie sich am besten mit dem (meist unterversicherten Kontrahenten) einigen. Die Polizei kommt erst bei Personenschäden. Bei kleineren Schäden reparieren französische Werkstätten schnell und relativ preiswert. Auf den französischen Autobahnen werden außerhalb der Ballungszentren Gebühren erhoben, die mindestens den Benzinkosten auf der entsprechenden Strecke gleichkommen. ADAC-Notruf (auch für Nichtmitglieder) in Deutschland:

19 49/22 22 22; ACTA *Chemin Tuileries, 69760 Limonest, Tel. 04 72 17 12 34*

BANKEN

Die Öffnungszeiten sind unterschiedlich, im allgemeinen: Mo–Fr 9–12 und 14–16 Uhr. So und in kleineren Orten auch Mo geschlossen. Limit für einen Eurochèque (bester Kurs): 1400 Franc.

BUSSE UND EISENBAHNEN

Die staatliche französische Eisenbahngesellscahft SNCF hat eines der besten und schnellsten Eisenbahnnetze in Europa. Gute Verbindungen zwischen den Großstädten, die Schnellzüge fahren pünktlich. Besonders empfehlenswert ist der TGV, der mit Tempo 300 dahinrast. Er verbindet auf seiner Atlantikroute Angers (90 Min.), Tours (57 Min.) und Vendôme (42 Min.) mit Paris (Bahnhof Montparnasse). Sie fahren in 1.- und 2.-Klasse-Waggons mit Speisewagen (Essen vorbestellen!). In ländlichen Gebieten sind die Zugverbindungen freilich nicht so günstig. Deshalb bietet SNCF an jeder Bahnstation das *train + autocar*-System (Bahn + Bus) an. So kommt man auch in die entlegensten Winkel.

CAMPING

Camping ist in Frankreich ähnlich wie Angeln ein nationaler Volkssport. Wildes Camping ist auch hier verboten. An der Loire gibt es eine ganze Reihe guter Campingplätze. Sie sind eingeteilt – wie Hotels – von einem Stern (minimaler Komfort, nur wenige Duschen) bis zu den Luxusanlagen mit vier Sternen (Pools, Restaurants, Sportanlagen). Daneben werden *aire naturelle de camping* (kleine Plätze mit wenig Komfort in freier Natur) und *camping à la ferme* (auf dem Bauernhof, ohne Komfort, aber mit viel Atmosphäre) angeboten. Auskünfte bei den französischen Fremdenverkehrsämtern und beim *ADAC*.

EINREISE

Für EU-Bürger gilt: Auch nach dem Wegfall der Grenzkontrollen sollte man einen Personalausweis mit sich tragen. Kinder unter 16 brauchen einen Kinderausweis oder die Eintragung im Paß der Eltern. Für Schweizer gilt weiterhin, daß sie bei der Ein- und Ausreise im Besitz eines gültigen Reisepasses sein müssen.

JUGENDHERBERGEN

Internationaler Jugendherbergsausweis erforderlich. Verzeichnis der französischen Auberges de la Jeunesse bei: *Fédération Unie des Auberges de la Jeunesse, 27, rue Pajol, 75 018 Paris, Tel. 01 42 85 55 40.* Weitere Informationen beim Deutschen Jugendherbergswerk: *DJH-Hauptverband, Bismarckstraße 8, 32756 Detmold, Tel. 0 52 31/7 40 10*

MIETWAGEN

Mietwagen sind in Frankreich relativ teuer. Ein Tagessatz für einen Ford Fiesta liegt bei ca. 100 Mark plus Kilometergeld, aber es gibt auch Wochenendpauschalen. Mindestalter des

Fahrers: 21 Jahre, mindestens ein Jahr Führerscheinbesitz.

NOTRUF

Polizei: *Police-Secours, Tel. 17*
Feuerwehr, *Tel. 18*
Medizinischer Notfall, *Tel. 15* oder die Nummer der *SAMU* (*Rettungsdienst*, in jedem Telefonbuch vorne).

ÖFFNUNGSZEITEN

Die Lebensmittelgeschäfte öffnen meist gegen 8, Bäckereien schon um 7 oder gar 6.30 Uhr. Kaufhäuser und Boutiquen um 9, spätestens um 10 Uhr. Fast alle Geschäfte schließen in der Mittagszeit von 12–14 Uhr – außer in den riesigen Supermarkt-Zentren an der Peripherie der Großstädte. Dort finden Sie übrigens fast alles unter einem Dach. Ladenschluß ist zwischen 19 und 19.30 Uhr. Sogar am Sonntagvormittag haben z. T. Markthallen und Lebensmittelgeschäfte geöffnet, Bäckereien auf jeden Fall. Dafür sind am Montag die meisten Geschäfte geschlossen.

POST – TELEFON

Die Postämter (Poste oder P. T. T.) sind im allgemeinen Mo–Fr 9–19 und Sa 9–12 Uhr geöffnet, auf dem Land aber Mo–Fr 8–12 und 14–18.30 Uhr sowie Sa 9–12 Uhr. Das Porto für Karten und Briefe (EU, Österreich, Schweiz) beträgt 3 FF. Briefmarken *(timbres)* können Sie auch in Tabakbars kaufen. Münzfernsprecher als auch Telefonzellen, die mit Telefonkarten zu bedienen sind. Es empfiehlt sich also unbedingt der Kauf einer *télécarte* mit 50 oder 120 Einheiten (40,60 oder 97,50 FF). Bei Auslandsgesprächen ist zunächst die 00 zu wählen. Dann folgen die jeweiligen Vorwahlen des Landes:
Bundesrepublik Deutschland: 49
Republik Österreich: 43
Schweiz: 41
Vorwahl nach Frankreich: 0033

Die allgemeine Auskunft hat die Nummer 12. Falls Sie in kleinen Orten keine Telefonzelle finden, achten Sie auf das Schild *téléphone publique.* Hier können Sie beim Hausbesitzer zum normalen Preis telefonieren.

RADFAHREN

Das Loire-Tal eignet sich hervorragend für einen Radurlaub. Sie können Fahrräder an zahlreichen Bahnhöfen (Hinweis *train + velo*) und in Fahrradgeschäften mieten. Routenvorschläge beim Deutschen Jugendherbergswerk und bei der *Fédération Française de Cyclotourisme, 8, rue Jean-Marie-Jego, 75 013 Paris, Tel. 01 44 16 88 88*

STROMSPANNUNG

Sie beträgt 220 Volt Wechselstrom. Für alle Elektrogeräte mit einem Schukostecker empfiehlt es sich, einen Zwischenstecker mitzunehmen.

TIERE

Bis drei Monate alte Tiere dürfen nicht nach Frankreich eingeführt werden. Bei der Einreise brauchen Hunde und Katzen ein vom Amtstierarzt ausgestelltes Gesundheitszeugnis und den Nachweis einer Tollwutimpfung, die mindestens 30 Tage alt sein muß, aber nicht länger als ein Jahr zurückliegen darf.

TRAMPEN

Auf Autobahnen verboten, an Auffahrten und vor Mautstellen erlaubt. Mitfahrgelegenheiten vermittelt gegen eine geringe Aufnahmegebühr (Jahreskarte ca. 32 Mark) und Benzingeld die landesweite Organisation *Allostop, Paris, Tel. 01 53 20 42 42*

TRINKGELD

Es gibt keine besondere Regel in Frankreich. Je nach Ihrer Zufriedenheit (Friseur, Restaurant, Platzanweiser, Hotel, Taxifahrer, Fremdenführer) zwischen 5 und 10 Prozent.

ZOLL

Für den privaten Verbrauch dürfen EU-Bürger 800 Zigaretten und 10 l Spirituosen sowie 90 l Wein pro Person mit in ihr Heimatland nehmen. Schweizer dürfen Waren bis zu einem Gesamtwert von 200 sfr, zusätzlich 200 Zigaretten oder 50 Zigarren oder 250 g Tabak ausführen. Ein Liter Spirituosen über oder zwei Liter unter 15 Prozent und zwei Liter Wein sind zollfrei.

WETTER IN NEVERS

Die monatlichen Durchschnittswerte im Überblick

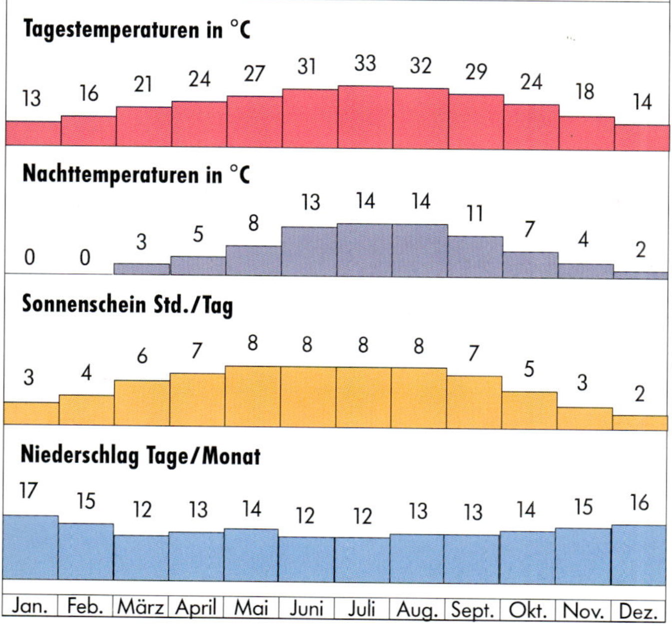

Bloß nicht!

Was Sie auf keinen Fall in Frankreich tun sollten: Ein kleiner Ratgeber zur Vermeidung von Peinlichkeiten und unliebsamen Abenteuern

Im Restaurant

Vorsicht vor den Sonderangeboten in touristischen Ballungsgebieten, dem *Menu touristique.* Das ist zwar relativ billig, aber meist so schlecht, daß Sie Ihr Geld zum Fenster rausgeworfen haben. Lieber ein paar Francs mehr ausgeben! Gut und preiswert ist es in den einfachen Routier-Lokalen neben den Nationalstraßen. Gute Wirtshäuser erkennen Sie fast immer am Parkplatz: Wenn viele Einheimische (immer auf die Département-Nummer – die beiden letzten Ziffern – auf dem Kennzeichen achten!) ihr Auto abgestellt haben, ist die Küche gut und nicht zu teuer.

Verlangen Sie nie getrennte Rechnungen. Das ist in Frankreich nicht üblich. Eine(r) zahlt für den gesamten Tisch, und beim nächsten Mal begleicht ein(e) andere(r) die Zeche.

Im Gegensatz zu anderen europäischen Restaurants ist das französische ausschließlich ein Ort zum Speisen. Das heißt: Ist das Essen beendet, so nimmt man noch einen Kaffee oder *eau de vie* (Schnaps) und verlangt die Rechnung. Es ist ganz und gar unüblich, nach dem Essen noch bei einer Flasche Wein beisammenzusitzen – es sei denn, der Gastgeber lädt Sie zum Champagner ein.

Wenn Sie ein Restaurant betreten, suchen Sie sich nicht einfach selbst einen Platz, sondern warten Sie, bis Ihnen der Service einen Tisch anweist.

Gelegenheit macht Diebe

Wenn Sie Ihren Wagen in der Stadt oder vor einem Schloß abstellen, entfernen Sie bitte alle darinliegenden Wertgegenstände. Auch in Frankreich gilt wie woanders in Europa: Gelegenheit macht Diebe.

Höflichkeit

Sie ist in Frankreich nicht nur eine Zierde, sondern tägliche Umgangspflicht! Gehen Sie nie grußlos in ein Geschäft. Die Franzosen sind es gewöhnt, »Bonjour, Madame« oder »Bonjour, Monsieur« zu sagen. Nach der Dienstleistung folgt stets ein »Merci«.

Kleiderordnung

Sie sollten nicht unbedingt in kurzen Hosen, Unterhemd und Sandalen in eine Kathedrale gehen. Das tun zwar auch Vertreter anderer Nationen, gilt aber als typisch bäurische Art der Deutschen.

Sprechen und Verstehen ganz einfach

Zur Erleichterung der Aussprache sind alle französischen Wörter mit einer einfachen Aussprache (in eckigen Klammern) versehen.

AUF EINEN BLICK

Ja./Nein.	Oui. [ui]/Non. [nong]
Vielleicht.	Peut-être [pöhtätr]
Bitte.	S'il vous plaît. [sil wu plä]
Danke.	Merci. [märsi]
Gern geschehen.	De rien. [dö rjäng]
Entschuldigen Sie!	Excusez-moi! [äksküseh mua]
Wie bitte?	Comment? [kommang]
Ich verstehe Sie/dich nicht.	Je ne comprends pas. [schön kongprang pa]
Ich spreche nur wenig Französisch.	Je parle un tout petit peu français. [schparl äng tu pti pöh frangsä]
Können Sie mir bitte helfen?	Vous pouvez m'aider, s.v.p.? [wu puweh mehdeh sil wu plä]
Sprechen Sie Deutsch/Englisch?	Vous parlez allemand/anglais? [wu parleh almang/anglä]
Ich möchte …	J'aimerais … [schämrä]
Das gefällt mir nicht.	Ça ne me plaît pas. [san mö plä pa]
Haben Sie …?	Vous avez …? [wus‿aweh]
Wieviel kostet es?	Combien ça coûte? [kongbjäng sa kut]
Wieviel Uhr ist es?	Quelle heure est-il? [käl‿ör ät‿il]

KENNENLERNEN

Guten Morgen/Tag!	Bonjour! [bongschur]
Guten Abend!	Bonsoir! [bongsuar]
Hallo!/Grüß dich!	Salut! [salü]
Wie ist Ihr Name, bitte?	Comment vous appelez-vous? [kommang wus‿apleh wu]
Wie heißt du?	Comment tu t'appelles? [kommang tü tapäl]
Wie geht es Ihnen/dir?	Comment allez-vous/vas-tu? [kommangt‿aleh wu/wa tü]
Danke. Und Ihnen/dir?	Bien, merci. Et vous-même/toi? [bjäng märsi. eh wu mäm/tua]
Auf Wiedersehen!	Au revoir! [oh röwuar]
Tschüs!	Salut! [salü]

UNTERWEGS

Auskunft

links/rechts	à gauche [a gohsch]/à droite [a druat]
geradeaus	tout droit [tu drua]
nah/weit	près [prä]/loin [luäng]
Bitte, wo ist …?	Pardon, où se trouve …, s.v.p.? [pardong, us truw … sil wu plä]
Wie weit ist das?	C'est à combien de kilomètres d'ici? [sät‿a kongbjängd kilomätrö disi]
Welches ist der kürzeste Weg nach/zu …?	Quel est le chemin le plus court pour aller à …? [käl‿äl schömäng lö plü kur pur aleh a]

Panne

Ich habe eine Panne.	Je suis en panne. [schö süis‿ang pan]
Würden Sie mir bitte einen Abschleppwagen schicken?	Est-ce que vous pouvez m'envoyer une dépanneuse, s.v.p.? [äs‿kö wu puweh mangwuajeh ün dehpanöhs sil wu plä]
Gibt es hier in der Nähe eine Werkstatt?	Est-ce qu'il y a un garage près d'ici? [äs‿kil‿ja äng garasch prä disi]
… ist defekt.	… est défectueux. […ä dehfäktüöh]

Tankstelle

Wo ist bitte die nächste Tankstelle?	Pardon, Mme/Mlle/M., où est la station-service la plus proche, s.v.p.? [pardong madam/madmuasäl/mösjöh u ä la stasjong särwis la plü prosch sil wu plä]
Ich möchte … Liter.	… litres, s'il vous plaît. [litrö sil wu plä]
Super.	Du super. [dü süpär]
Diesel.	Du gas-oil. [dü gasual]
bleifrei/mit … Oktan.	Du sans-plomb/… octanes. [dü sang plong/ … oktan]
Volltanken, bitte.	Le plein, s.v.p. [lö pläng sil wu plä]

Unfall

Hilfe!	Au secours! [oh skur]
Achtung!	Attention! [atangsjong]
Rufen Sie bitte schnell …	Appelez vite … [apleh wit]
… einen Krankenwagen.	… une ambulance. [ün‿angbülangs]
… die Polizei.	… la police. [la polis]
… die Feuerwehr.	… les pompiers. [leh pongpjeh]
Es war meine Schuld.	C'est moi qui suis en tort. [sä mua ki süis‿ang torr]
Es war Ihre Schuld.	C'est vous qui êtes en tort. [sä wu ki äts‿ang torr]
Geben Sie mir bitte Ihren Namen und Ihre Anschrift!	Vous pouvez me donner votre nom et votre adresse? [wu puweh mö donneh wottrö nong eh wottr‿adräs]

ESSEN/UNTERHALTUNG

Wo gibt es hier …	Vous pourriez m'indiquer… [wu purjeh mängdikeh]
… ein gutes Restaurant?	… un bon restaurant? [äng bong rästorang]
… ein nicht zu teures Restaurant?	… un restaurant pas trop cher? [äng rästorang pa troh schär]
Gibt es hier eine gemütliche Kneipe?	Y-a-t'il un café (bistrot) sympa, dans le coin? [jatihl äng kafeh (bistroh) sängpa dang lö kuäng]
Reservieren Sie uns bitte für heute abend einen Tisch für 4 Personen.	Je voudrais réserver une table pour ce soir, pour quatre personnes. [schwudrä räsehrweh ün tablö pur sö suar pur kat pärsonn]
Wo sind bitte die Toiletten?	Où sont les W.-C., s.v.p.? [u song leh wehseh sil wu plä]
Auf Ihr Wohl!	A votre santé!/A la vôtre! [a wottr sangteh/a la wohtr]
Bezahlen, bitte.	L'addition, s.v.p. [ladisjong sil wu plä]
Hat es geschmeckt?	C'était bon? [sehtä bong]
Das Essen war ausgezeichnet.	Le repas était excellent. [lö röpa ehtät‿äksälang]

ÜBERNACHTUNG

Können Sie mir bitte … empfehlen?	Pardon, Mme/Mlle/M., vous pourriez recommander …? [pardong madam/madmuasäl/mösjöh wu purjeh rökommangdeh]
… ein gutes Hotel	… un bon hôtel [äng bonn‿ohtäl]
… eine Pension	… une pension de famille [ün pangsjongd famij]
Haben Sie noch …?	Est-ce que vous avez encore …? [äs‿kö wus‿aweh angkorr]
… ein Einzelzimmer	… une chambre pour une personne [ün schangbr pur ün pärsonn]
… ein Zweibettzimmer	… une chambre pour deux personnes [ün schangbr pur döh pärsonn]
… mit Bad	… avec salle de bains [awäk sal dö bäng]
… für eine Nacht	… pour une nuit [pur ün nüi]
… für eine Woche	… pour une semaine [pur ün sömän]
Was kostet das Zimmer mit …	Quel est le prix de la chambre, … [käl‿ä lö prid la schangbr]
… Frühstück?	… petit déjeuner compris? [pti dehschöneh kongpri]
… Halbpension?	… en demi-pension? [ang dmi pangsjong]

Arzt

Können Sie mir einen guten Arzt empfehlen?	Vous pourriez recommander un bon médecin, s.v.p.? [wu purjeh rökommangdeh äng bong mehdsäng sil wu plä]
Ich habe hier Schmerzen.	J'ai mal ici. [scheh mal isi]

Bank

Wo ist hier bitte …	Pardon, je cherche … [pardong schö schärsch]
… eine Bank?	… une banque. [ün bangk]
… eine Wechselstube?	… un bureau de change. [äng bürohd schangsch]
Ich möchte … DM (Schilling, Schweizer Franken) in Francs wechseln.	Je voudrais changer … marks (schilling, francs suisses) en francs. [schwudrä schangscheh … mark (schiling, frang süis) ang frang]

Post

Was kostet …	Quel est le tarif pour affranchir … [käl‿ä lö tarif pur afrangschir]
… ein Brief …	… des lettres … [deh lätr]
… eine Postkarte …	… des cartes postales … [deh kart postal]
… nach Deutschland?	… pour l'Allemagne? [pur lalmanj]

Zahlen

0	zéro [sehroh]	20	vingt [wäng]
1	un, une [äng, ühn]	21	vingt et un, une [wängt‿eh äng, ühn]
2	deux [döh]	22	vingt-deux [wängt döh]
3	trois [trua]	30	trente [trangt]
4	quatre [katr]	40	quarante [karangt]
5	cinq [sängk]	50	cinquante [sängkangt]
6	six [sis]	60	soixante [suasangt]
7	sept [sät]	70	soixante-dix [suasangt dis]
8	huit [üit]	80	quatre-vingt [katrö wäng]
9	neuf [nöf]	90	quatre-vingt-dix [katrö wäng dis]
10	dix [dis]	100	cent [sang]
11	onze [ongs]	200	deux cents [döh sang]
12	douze [dus]	1000	mille [mil]
13	treize [träs]	2000	deux mille [döh mil]
14	quatorze [kators]	10000	dix mille [di mil]
15	quinze [kängs]		
16	seize [säs]		
17	dix-sept [disät]		
18	dix-huit [disüit]	1/2	un demi [äng dmi]
19	dix-neuf [disnöf]	1/4	un quart [äng kar]

Carte
Speisekarte

PETIT DEJEUNER	FRÜHSTÜCK
café noir [kafeh nuar]	schwarzer Kaffee
café au lait [kafeh oh lä]	Kaffee mit Milch
décaféiné [dehkafäineh]	koffeinfreier Kaffee
thé au lait/au citron [teh oh lä/oh sitrong]	Tee mit Milch/Zitrone
tisane [tisan]	Kräutertee
chocolat [schokola]	Schokolade
jus de fruit [schüd früi]	Fruchtsaft
œuf mollet [öf mollä]	weiches Ei
œufs brouillés [öh brujeh]	Rühreier
œufs au plat avec du lard [öh oh pla awäk dü lar]	Eier mit Speck
pain/petits pains/toasts [päng/pti päng/tohst]	Brot/Brötchen/Toast
croissant [kruasang]	Hörnchen
beurre [bör]	Butter
fromage [frommasch]	Käse
charcuterie [scharkütri]	Wurst, Aufschnitt
jambon [schangbong]	Schinken
miel [mjäl]	Honig
confiture [kongfitür]	Marmelade
yaourt [jaur]	Joghurt
fruits [früi]	Obst

SOUPES ET HORS-D'ŒUVRES	SUPPEN UND VORSPEISEN
bisque d'écrevisses [bisk dehkröwis]	Krebssuppe
bouchées à la reine [buscheh a la rän]	Königinpastete
bouillabaisse [bujabäs]	südfranzösische Fischsuppe, scharf gewürzt
consommé de poulet [kongsommehd pulä]	Hühnersuppe
crudités variées [krüditeh warjeh]	Rohkostteller
pâté de campagne [patehd kangpanj]	Bauernpastete
pâté de foie [patehd fua]	Leberpastete
salade niçoise [salad nisuas]	grüner Salat, Tomaten, Ei, Käse, Oliven, Thunfisch
saumon fumé [sohmong fümeh]	Räucherlachs
soupe à l'oignon [sup a luanjong]	Zwiebelsuppe
soupe de poisson [sup dö puasong]	Fischsuppe, verschiedene Variationen

VIANDES	FLEISCH
agneau [anjoh]	Lammfleisch
bifteck [biftäk]	Steak
bœuf [böf]	Rindfleisch
côte de bœuf [koht dö böf]	Rindskotelett
escalope de veau [äskalopp dö woh]	Kalbschnitzel
filet de bœuf [filäd böf]	Rinderfilet
foie [fua]	Leber
gigot d'agneau [schigoh danjoh]	Lammkeule
grillades [grijad]	Grillplatte
mouton [mutong]	Hammelfleisch
porc [porr]	Schweinefleisch
rognons [ronnjong]	Nieren
rôti [roti]	Braten
sauté de veau [sohtehd woh]	Kalbsragout
steak au poivre [stäk‿oh puawr]	Pfeffersteak
steak tartare [stäk tartar]	Tatar
veau [woh]	Kalbfleisch

VOLAILLES ET GIBIER	GEFLÜGEL UND WILD
canard à l'orange [kanar a lorangsch]	Ente mit Orange
cuissot de chevreuil [küisohd schöwröj]	Rehkeule
coq au vin [kokoh wäng]	Hahn mit Rotwein
lapin chasseur [lapäng schasör]	Kaninchen nach Jägerart
oie aux marrons [ua oh marong]	Gans mit Maronenfüllung
poulet rôti [puleh rotti]	Brathähnchen
sanglier [sanglijeh]	Wildschwein

POISSONS, CRUSTACES ET COQUILLAGES	FISCHE, KRUSTEN- UND SCHALTIERE
cabillaud [kabijoh]	Kabeljau
calamar frit [kalamar fri]	gebratener Tintenfisch
daurade [dorrad]	Goldbrasse
lotte (de mer) [lott (dö mär)]	Seeteufel
loup de mer [lu dö mär]	Seewolf
maquereau [makroh]	Makrele
morue [morrü]	Stockfisch
perche [pärsch]	Barsch
petite friture [pötit fritür]	gebratene kleine Fische
rouget [ruscheh]	Rotbarbe
sandre [sangdr]	Zander
sole au gratin [soll oh gratäng]	überbackene Seezunge
truite meunière [trüit möhnjär]	Forelle Müllerin
turbot [türboh]	Steinbutt

coquilles Saint-Jacques [kokij sängschak]	Jakobsmuscheln
crevettes [kröwät]	Garnelen, Krabben
homard [ommar]	Hummer
huîtres [üitr]	Austern
moules [mul]	Miesmuscheln
plateau de fruits de mer [platoh dö früi dö mär]	verschiedene Meeresfrüchte

LEGUMES/PATES/RIZ	GEMÜSE/TEIGWAREN/REIS
artichaut [artischoh]	Artischocke
choucroute [schukrut]	Sauerkraut
chou farci [schu farsi]	Kohlroulade
chou-fleur [schuflör]	Blumenkohl
épinards [ehpinar]	Spinat
fenouil [fönuj]	Fenchel
haricots (verts) [arikoh (währ)]	(grüne) Bohnen
nouilles [nuj]	Nudeln
oignons [uanjong]	Zwiebeln
petits pois [pti pua]	Erbsen
poivrons [puawrong]	Paprika
pommes dauphine/duchesse [pom dohfin/düschäs]	Kartoffelkroketten
pommes de terre [pomm dö tähr]	Kartoffeln
pommes de terre sautées [pom dö tär sohteh]	Bratkartoffeln
pommes natures [pomm natür]	Salzkartoffeln
riz au curry [ri oh küri]	Curryreis
tomates [tomat]	Tomaten

DESSERTS ET FROMAGES	NACHSPEISEN UND KÄSE
charlotte [scharlott]	Süßspeise aus Löffelbiskuits mit Früchten und Vanillecreme
crème Sabayon [kräm sabajong]	Weinschaumcreme
flan [flang]	Karamelpudding
fromage blanc [frommasch blang]	feiner Quark
fromage de chèvre [frommasch dö schäwr]	Ziegenkäse
gâteau [gatoh]	Kuchen
glace [glas]	Eis
pâtisserie maison [patisri mäsong]	Gebäck nach Art des Hauses
profiteroles [profitroll]	mit Eis gefüllte kleine Windbeutel an warmer Schokoladensoße
tarte aux pommes [tart oh pomm]	Apfelkuchen
tarte tatin [tart tatäng]	umgestürzter, karamelisierter Apfelkuchen
yaourt [jaurt]	Joghurt

FRUITS	OBST
abricots [abrikoh]	Aprikosen
cerises [söris]	Kirschen
fraises [fräs]	Erdbeeren
framboises [frangbuas]	Himbeeren
macédoine de fruits [masehduan dö früi]	Fruchtsalat
pêches [päsch]	Pfirsiche
poires [puar]	Birnen
pommes [pomm]	Äpfel
prunes [prün]	Pflaumen
raisin [räsäng]	Trauben

Liste des Consommations

Getränkekarte

VIN	WEIN
un (verre de vin) rouge [äng (wär dö wäng) rusch]	ein Glas Rotwein
un quart de vin blanc [äng kar dö wäng blang]	ein Viertel Weißwein
un pichet de rosé [äng pischäd rohseh]	ein Krug (20 bis 50 cl) Roséwein

BIERE	BIER
bière pression [bjär prehsjong]	Bier vom Faß
blonde [blongd] ~	~ helles
brune [brühn] ~	~ dunkles
bière bouteille [bjär butäj]	Flaschenbier

SANS ALCOOL	ALKOHOLFREI
bière sans alcool [bjär sangs‿alkol]	alkoholfreies Bier
eau minérale [oh minehral]	Mineralwasser
jus de fruits [schüd früi]	Fruchtsaft
jus d'orange [schü dorangsch]	Orangensaft
lait [lä]	Milch
limonade [limonad]	Limonade
petit-lait [ptilä]	Buttermilch

Reiseatlas Loire-Tal

Die Seiteneinteilung für den Reiseatlas finden Sie auf dem hinteren Umschlag dieses Reiseführers

A
B
C
St. Avé
Questembert
Theix
Séné
Noyalo
Surzur
St. Colombier
Berric
Ambon
le Tour-du-Parc
Billiers
Damgan
Pointe de Penlan
Muzillac
Noyal-Muzillac
Péaule
Béganne
Bel-Air
St. Gravé
Rochefort-en-Terre
Limerzel
Caden
Allaire
Rieux
Peillac
St. Vincent-s.-Oust
St. Martin
Redon
Bains-s.-Oust
Sixt-s.-Aff
Renac
Lac de Murin
Beslé
Avessac
Masserac
St. Nicolas-de-Redon
Fégréac
Marzan
St. Dolay
Vilaine
Arz
Pénestin
la Roche-Bernard
Chât. de la Bretesche
Camoël
Herbignac
Assérac
la Chapelle-des-Marais
Missillac
St. Gildas-des-Bois
Guenrouet
Plessé
Canal de Nantes
Quilly
Mesquer
Quimiac
Piriac-s.-Mer
Pointe du Castelli
la Turballe
St. Lyphard
Parc Naturel Régional de Brière
Brière
Pontchâteau
Ile de Fédrun
St. Joachim
St. Malo-de-Guersac
Campbon
Bouvron
Fay-de-B
Guérande
Pointe du Croisic
le Croisic
Batz-sur-Mer
le Pouliguen
la Baule
Pornichet
Ste. Marguerite
Trignac
Montoir-de-Bretagne
Donges
Savenay
Pont de St. Nazaire
Loire
ST. NAZAIRE
Paimbœuf
Lavau-s.-Loire
Cordemais
le Temple-de-Bret.
Vigr-de-
St. Etienne-de-Montluc
Sautro
NAN
Couëron
ST. HERBL
Bouguena
St. Marc
St. Brévin-l'Océan
St. Brévin-les-Pins
St. Viaud
Frossay
St. Père-en-Retz
Tharon-Plage
St. Michel-Chef-Chef
Pointe de St. Gildas
la Plaine-s.-Mer
Préfailles
Pornic
Chauvé
Ste. Marie
Arthon-en-Retz
le Pont-Béranger
Port-St. Père
la Bernerie-en-Retz
les Moutiers
St. Hilaire-de-Chaléons
Ste. Pazanne
Lac de Grand Lieu
Bourgneuf-en-Retz
Chenal du Nord
Chenal du Sud
Baie de Bourgneuf
l'Herbaudière
Île de Noirmoutier
Noirmoutier-en-l'Ile
l'Epine
la Gueriniere
Barbâtre
Machecoul
Bouin
Bois-de-Céné
Paulx
Beauvoir-s.-Mer
Fromentine
St. Gervais
St. Etienne-de-Mer-Morte
la Garnache
Touvois
Falleron
Sallertaine
Notre-Dame-de-Monts
le Perrier
Challans
St. Jean-de-Monts
la Plage
Soullans
St. Christophe-du-Ligneron
Ligneron
Île d'Yeu
Port-Joinville
St. Sauveur
Port-de-la-Meule
Commequiers
Apremont
Vie
Maché
Aizenay
St. Hilaire-de-Riez
Coëx
St. Gilles-Croix-de-Vie
la Chapelle-Hermier
Jaunay
Beaulieu-sous-la-Roc
Bretignolles-s.-Mer
La Chaize-Giraud
St. Julien-des-Landes
St. Martin-de-Brem
la Mothe-Achard
Vaire
St. Mathurin
Olonne-sur-Mer
OCÉAN
ATLANTIQUE
15 km
2
3
4
5
6
N 165
N 171
N 160
E60

D
E
F
110
109
Teillay
Martigné-Ferchaud
Chelun
St. Aignan-s.-Roë
la Selle-Craon
Craon
Laigné
St. Sulpice-des-Landes
Sion-les-Mines
Fercé
Rouge
Villepot
Renazé
St. Aubin-des-Châteaux
Soudan
Pouancé
Bouillé-Ménard
St. Quentin-les-Anges
Chât. de Mortiercrolles
Lusanger
Châteaubriant
Vergonnes
Derval
Combrée
l'Hôtellerie-de-Flée
St. Sauveur-de-Flée
la Croix-Laurent
Juigné-des-Moutiers
Noyant-la-Gravoyère
St. Martin-du-Bois
St. Julien-de-Vouvantes
St. Michel-et-Chanveaux
Treffieux
Issé
Moisdon-la-Rivière
la Chapelle-Glain
Segré
Challain-la-Potherie
Andigné
Nozay
Chât. de la Motte-Glain
Grand-Auverné
Loiré
la Meilleraye-de-Bretagne
Chazé-s.-Argos
Abbaretz
St. Sulpice-des-Landes
Abb. de Melleray
Grand Rés. de Vioreau
Freigné
Candé
Vern-d.-Anjou
Saffré
Riaillé
St. Mars-la-Jaille
la Pouëze
la Membrolle-s.-Longuenée
Glanet
Joué-s.-Erdre
Pannecé
la Cornuaille
le Louroux-Béconnais
Montreuil
Teillé
Maumusson
Bécon-les-Granits
Nort-sur-Erdre
les Touches
le Boulay
Belligné
Villemoisan
St. Augustin-des-Bois
Casson
Petit-Mars
Ligné
Mésanger
la Rouxière
Sucé-sur-Erdre
Couffé
Ancenis
l'Océane
la Chapelle-St. Sauveur
St. Germain
St. Jean-de-L.
la Poste
St. Mars-du-Désert
Oudon
Varades
Ingrandes
Champtocé-s.-Loire
St. Georges-sur-Loire
Chapelle-Erdre
Chât. de la Seilleraye
le Cellier
Tour
Loire
Liré
Bouzillé
St. Florent-le-Vieil
Montjean-sur-Loire
Chât. de Serrant
Orvault
Carquefou
Champtoceaux
la Chapelle-Basse-Mer
St. Laurent-des-Autels
Chalonnes-sur-Loire
le Fuilet
St. Quentin-en-Mauges
St. Laurent-de-la-Plaine
St. Julien-de-Concelles
Landemont
Montrevault
St. Pierre-
la Jumellière
St. Sébastien-s.-Loire
le Loroux-Bottereau
Chât. de Goulaine
le Pin-en-Mauges
Vertou
Beaupréau
la Poitevinière
Chemillé
la Haie-Fouassière
Vallet
Gesté
St. Martin
la Cour-Neuve
le Pallet
Jallais
Evre
le Bignon
Aigrefeuille-s.-Maine
Clisson
Villedieu-la-Blouère
le May-sur-Evre
la Salle-de-Vihiers
St. Germain-sur-Moine
St. Macaire-en-Mauges
Fouques
Montfaucon
Trémentines
Vezins
St. Philbert-de-Bouaine
St. Hilaire-de-Loulay
Boussay
la Romagne
St. Léger-sous-Cholet
Nuaillé
Coron
Montaigu Boufféré
Torfou
la Séguinière
Cholet
la Bruffière
Vieillevigne
Tiffauges
Mortagne-sur-Sèvre
la Plaine
Montaigu
Treize-Septiers
la Tessoualle
Rocheservière
les Landes-Génusson
Yzernay
St. Georges-de-Montaigu
la Verrie
le Puy-St. Bonnet
Maulévrier
l'Herbergement
la Gaubretière
St. Laurent-sur-Sèvre
les Cerqueux-de-Maulévrier
Petite Maine
les Brouzils
Bazoges-en-Paillers
Chavagnes-en-Paillers
Mauléon
St. Aubin-de-Baubigné
les Lucs-sur-Boulogne
St. Fulgent
les Herbiers
les Epesses
Sèvre Nantaise
St. Amand-sur-Sèvre
St. Denis-la-Chevasse
Chauché
Vendrennes
Abb. de la Grainetière
le Pin
Belleville-sur-Vie
les Essarts
St. Michel-Mont-Mercure
Cirière
la Merlatière
Mouchamps
le Boupère
St. Mesmin
Cerizay
Dompierre-s.-Yon
St. Vincent-Sterlanges
Pouzauges
la Ferrière
St. Prouant
la Forêt-sur-Sèvre
Courlay
St. Martin-des-Noyers
Lay
Pet. Lay
Chavagnes-les-Redoux
Chanteloup
La Roche-sur-Yon
la Chaize-le-Vicomte
Chantonnay
St. Mars-des-Prés
Réaumur
Moncoutant
St. Pierre-du-Chemin
Bournezeau
Bournezeau Chantonnay
Cheffois
Largeasse
St. Florent-des-Bois
Thorigny
Mouilleron-en-Pareds
la Châtaigneraie
Chaillé-
St. Maurice-

15 km
LAVAL
Vitré
Argentré-du-Plessis
la Gravelle
St. Berthevin
Changé
Louverné
Laval-Ouest
Laval-Est
Argentré
Evron
Montsûrs
Neau
la Chapelle-Rainsouin
Ste. Suzanne
la Chapelle-du-Chêne
Forcé
Soulgé-s.-Ouette
Vaiges
Gennes-s.-Seiche
Montjean
Cuillé
St. Poix
Laubrières
Cossé-le-Vivien
Nuillé-s.-Vicoin
Entrammes
Bazougers
St. Jean-s.-Erve
Quelaines
Meslay-du-Maine
Chémeré-le-Roi
Bannes
la Roë
Ballots
Houssay
Villiers-Charlemagne
Ballée
St. Aignan-s.-Roë
la Selle-Craonnaise
Craon
Loigné-s.-Mayenne
St. Loup-du-Dorat
Auvers-le-Hamon
Renazé
Laigné
Gennes-s.-Glaize
Grez-s.-Glaize
Château-Gontier
Bouessay
Pouancé
Vergonnes
Bouillé-Ménard
St. Quentin-les-Anges
Chât. de Mortiercrolles
Chemazé
Coudray
Bierné
Souvigné-s.-Sarthe
Sablé-sur-Sarthe
Abb. de Solesmes
St.-Denis-d'Anjou
Combrée
l'Hôtellerie-de-Flée
St. Sauveur-de-Flée
Ménil
Daon
Louailles
Sablé-la Flèche
Précigné
St. Michel-et-Chanveaux
Noyant-la Gravoyère
St. Martin-du-Bois
Marigné
Miré
Morannes
Segré
Andigné
Chambellay
Daumeray
Challain-la-Potherie
Loiré
Chazé-s.-Argos
Thorigné-d'Anjou
Champigné
Châteauneuf-sur-Sarthe
Etriché
Durtal
Candé
Vern-d'Anjou
le Lion-d'Angers
Cheffes
Tiercé
Ecuillé
Chât. du Plessis-Bourré
Feneu
Bourgneuf
Montreuil-s.-Loir
la Pouëze
la Membrolle-s.-Longuenée
la Cornuaille
le Louroux-Béconnais
Montreuil-Juigné
Ecouflant
Seiches-s.-le-Loir
Jarzé
Belligné
Villemoisan
Bécon-les-Granits
St. Augustin-des-Bois
Avrillé
St. Sylvain-d'Anjou
Pellouailles-les-Vignes
la Rouxière
la Chapelle-St. Sauveur
St. Germain
St. Jean-de-L.
ANGERS
Varades
Ingrandes
Champtocé-s.-Loire
St. Georges-sur-Loire
St. Jean-de Linières
Chât. du Roi-René
Fontaine-Milon
Corné
Andard
Trélazé
Bouchemaine
Mazé
Chât. de Montgeoffroy
St. Florent-le-Vieil
Montjean-sur-Loire
Chât. de Serrant
les Ponts-de-Cé
la Daguenière
St. Mathurin-sur-Loire
Beaufort-en-Vallée
Chalonnes-sur-Loire
Mûrs-Erigné
Rochefort-sur-Loire
St. Jean-des-Mauvrets
St. Rémy-la-Varenne
la Ménitré
Brissac-Quincé
Coutures
les Rosiers
St. Qentin-en-Mauges
St. Laurent-de-la-Plaine
St. Pierre-Montlimart
la Jumellière
Beaulieu-s.-Layon
les Alleuds
Gennes
Cunault
St. Martin-de-la-Place
St. Lambert-du-Lattay
le Pin-en-Mauges
Thouarcé
Louerre
la Poitevinière
Chavagnes
Noyant-la Plaine
Milly-le-Meugon
Chemillé
Joué-Etiau
Martigné-Briand
Caverne
Jallais
Aubigné
Louresse-Rouchemenier
Denezé-sous-Doué
Verrie
Valanjou
le May-sur-Evre
la Salle-de-Vihiers
St. Georges-s.-Layon
St. Macaire-en-Mauges
Montilliers
Doué-la-Fontaine
Trémentines
Vihiers
Concourson-s.-Layon
St. Léger-sous-Cholet
Vezins
Chât. du Coudray-Montbault
Coron
les Verchers-s.-Layon
Nuaillé
CHOLET
les Cerqueux-sous-Passavant
le Puy-N.-D.
Montreuil-Bellay
la Plaine
Chambernou
Château
la Tessoualle
Somloire
St. Pierre-à-Champ
Bouillé-Loretz
Yzernay
la Fougereuse
Taizon
le Puy-St. Bonnet
Maulévrier
Cersay
Brion-près-Thouet
Etusson
St. Laurent-sur-Sèvre
les Cerqueux-de-Maulevrier
Massais
Tourtenay
Argenton-Château
Mauléon
St. Aubin-de-Baubigné
les Aubiers
Thouars
les Epesses
Moutiers-sous-Argenton
St. Amand-sur-Sèvre
Noirlieu
Coulonges
Luzay
Sèvre Nantaise
Mayenne
Sarthe
Loir
Loire
Oudon
Layon
Thouet
Evre
Hyrôme
Aubance
Seiche
Vicoin
Ouette
Vaige
Erve
Hière
Araize
Verzée
Argos
Ouère
Dive
Canal de la Dive
109
110

D
E
F
Sillé-le-Guillaume
Beaumont-sur-Sarthe
Marolles-les-Braults
St. Germain-de-la-Coudre
Ségrie
St. Marceau
St. Aignan
Rouperroux-le-Coquet
la Chapelle-du-Bois
le Theil
Conlie
Ballon
Courcemont
Bonnétable
la Ferté-Bernard
Tennie
Ste. Jamme-s.-Sarthe
St. Aubin-des-Coudrais
Courgenard
Dômfront-en-Champagne
la Bazoge
St. Célerin
Tuffé
Lamnay
Bernay
la Milesse
Savigné-l'Evêque
Sceaux-s.-Huisne
Chassillé
St. Maixent
Yvré-l'Evêque
Champagné
Connerré
Lavaré
Vibraye
LE MANS
St. Mars-la-Brière
Thorigné-s.-Dué
Semur-en-Vallon
Allonnes
Etival-lès-le-Mans
Changé
Arnage
Ruaudin
Surfonds
Bouloire
Chemiré-le-Gaudin
Parigné-l'Evêque
Volnay
Berfay
Mondoubleau
la Suze-sur-Sarthe
Mulsanne
Noyen-s.-Sarthe
Guécélard
St. Mars-d'Outillé
Tresson
Sargé-sur-Braye
St. Calais
Mézeray
Cérans-Foulletourte
Yvré-le-Pôlin
le Grand Lucé
Ste. Cérotte
Ecommoy
St. Vincent-du-Lorouër
la Fontaine-St. Martin
Jupilles
Courdemanche
Vancé
Bessé-sur-Braye
Clermont-Créans
Mansigné
Château de Gallerande
Pontvallain
Mayet
St. Hubert
Chahaignes
Ponce-s.-le-Loir
Luché-Pringé
Aubigné-Racan
Château-du-Loir
Flée
Couture-sur-Loir
Pont de Braye
Thorée-les-Pins
Marçon
la Chartre-s.-le-Loir
Ternay
le Lude
Vaas
Beaumont-s.-Dême
St. Martin-des-Bois
Savigné-sous-le-Lude
St. Aubin-le-Depeint
Dissay-sous-Courcillon
les Hermites
Villebourg
Chemillé-s.-Dême
Chigné
St. Paterne-Racan
Louestault
Monthodon
Marcilly-s.-Maulne
Neuvy-le-Roi
la Ferrière
St. Laurent-en-Gâtines
Auverse
Château-la-Vallière
Noyant
Souvigné
Beaumont-la-Ronce
Sonzay
Neuillé-Pont-Pierre
Mouliherne
Breil
Nouzilly
Villedômer
Semblançay
Channay-sur-Lathan
Monnaie
Parçay-les-Pins
Rillé
Langennerie
Savigné-sur-Lathan
Pernay
Reugny
Vernoil
TOURS
Cléré-les-Pins
Gizeux
Fondettes
Rochecorbon
Luynes
Vernou-sur-Brenne
les Essards
Cinq-Mars-la-Pile
Vouvray
Langeais
ST. PIERRE-DES-CORPS
Montlouis-sur-Loire
Allonnes
St. Michel-sur-Loire
Villandry
JOUÉ-LES-TOURS
ST. AVERTIN
Bourgueil
Ballan-Miré
Larçay
Chouzé-sur-Loire
la Chapelle-sur-Loire
Lignières-de-Touraine
Veretz
Azay-le-Rideau
Montbazon
Athée-sur-Cher
Bléré
Montsoreau
Rigny-Ussé
Esvres
Candes-St. Martin
Huismes
Monts
Veigné
Cormery
Avoine
Saché
Thilouze
Sorigny
St. Branchs
Reignac-sur-Indre
Chinon
Villaines-les-Rochers
Seuilly
Chemin de St. Jacques
Louans
St. Epain
Bournand
Beuxes
Château du Rivau
St. Gilles
Ste. Maure-de-Touraine
Manthelan
Loches
L'Ile-Bouchard
Noyant-de-Touraine
Bossée
Trois-Moutiers
Champigny-sur-Veude
Sepmes
la Chap.-Blanche-St. Martin
Loudun
Courcoué
Richelieu
la Celle-St. Avant
la Roche-Rigault
St. Senoch

Marolles-les-Braults
St. Germain-de-la-Coudre
le Theil
Souancé-au-Perche
Thiron
Happonvilliers
Illiers-Combray
Rouperroux-le-Coquet
la Chapelle-du-Bois
Beaumont-les-Autels
Chassant
Frazé
Courcemont
Bonnétable
Ceton
Coudray-au-Perche
Luigny
la Ferté-Bernard
Brou
St. Aubin-des-Coudrais
Authon-du-Perche
Ozanne
Courgenard
les Autels-Villevillon
St. Célerin
Tuffé
St. Ulphace
Perche
Gouet
Savigné-l'Evêque
Sceaux-s.-Huisne
Lamnay
Montmirail
la Bazoche-Gouet
Chapelle-Royale
Logron
St. Maixent
la Chapelle-Guillaume
le Gault-Perche
Arrou
Connerré
Lavaré
Courtalain
St. Mars-la-Brière
Thorigné-s.-Dué
Vibrave
Arville
Semur-en-Vallon
Souday
St. Agil
Droué
Langey
Surfonds
Bouloire
Parigné-l'Evêque
Berfay
la Chapelle-Vicomtesse
Volnay
Mondoubleau
Cloyes-sur-le-Loir
Tresson
Sargé-sur-Braye
Beauchêne
St. Calais
le Temple
Grand Lucé
Ste. Cérotte
la Ville-aux-Clercs
Epuisay
St. Vincent-du-Lorouër
Savigny-sur-Braye
Morée
Vancé
Danzé
Courdemanche
Bessé-sur-Braye
Fortan
les Fontaine
Ecoman
Jupilles
Chât. de Courtanvaux
Azé
Pezou
St. Firmin-des-Prés
Ponce-s.-le-Loir
Lunay
La Chapelle-Enchérie
Chahaignes
Troo
le Gué-du Loir
Vendôme
Oucques
Flée
Couture-sur-Loir
Pont de Braye
Montoire-sur-le-Loir
Varennes
Marçon
la Chartre-s.-le-Loir
Ternay
Lavardin
Villetrun
Beaumont-s.-Dême
St. Martin-des-Bois
St. Arnoult
Rhodon
Dissay-sous-Courcillon
Selommes
les Hermites
Prunay-Cassereau
Villeromain
Villebourg
Chemillé-s.-Dême
St. Amand-Longpré
St. Paterne-Racan
Louestault
Monthodon
Authon
Champigny-en-Beauce
Neuvy-le-Roi
la Ferrière
Gombergean
la Chapelle-Vendômoise
Vallière
St. Laurent-en-Gâtines
St. Cyr-du-Gault
Landes-le-Gaulois
Beaumont-la-Ronce
Château-Renault
Fossé
Blois
Sonzay
Neuillé-Pont-Pierre
Auzouer-en-Touraine
St. Nicolas-des-Motets
Herbault
Molineuf
Nouzilly
Villedômer
Santenay
BLOIS
St. Gervais-la-Forêt
Semblançay
Château-Renault
Autrèche
Chailles
Langennerie
Monnaie
Mesland
Chouzy-s.-Cisse
Candé-s.-Beuvron
Pernay
Reugny
Onzain
Cellettes
Les Montils
TOURS
Tours-Nord
Nazelles-Négron
Veuves
Chaumont-s.-Loire
Cormeray
Fondettes
Rochecorbon
Rilly-s.-Loire
Luynes
Vouvray
Vernou-sur-Brenne
Loire
Fougères-s.-Bièvre
ST. PIERRE-DES-CORPS
Sambin
Villandry
JOUÉ-LES-TOURS
Montlouis-sur-Loire
Amboise
Vallières-les-Grds.
Ballan-Miré
ST. AVERTIN
Chambray
Pontlevoy
Larçay
St. Martin-le-Beau
La Croix-en-Touraine
La Thibaudière
Montrichard
Veretz
Chenonceaux
Monthou-sur-Cher
Montbazon
Athée-sur-Cher
Bléré
Thésée
Esvres
St. Georges-s.-Cher
Angé
St. Romain-s.-Cher
Monts
Veigné
Cormery
Pouillé
Sache
Thilouze
Sublaines
Aiguevive Anc. Abb.
Mareuil-s.-Cher
Sorigny
St. Branchs
Reignac-sur-Indre
Céré-la-Ronde
St. Aignan
Noyers-sur-Cher
Chemin de St. Jacques
Chédigny
le Liège
Louans
St. Epain
Orbigny
Route des Dames de Touraine
Genillé
Villentrois
Ste. Maure-de-Touraine
Manthelan
Loches
Montrésor
Villeloin-Coulangé
Bossée
Chap. St. Jean-du-Liget
Sepmes
la Chap.-Blanche-St. Martin
Beaulieu-les-Loches
Nouans-les-Fontaines
la Celle-St. Avant
St. Senoch
Loché-s.-Indrois
Luçay-le-Mâle

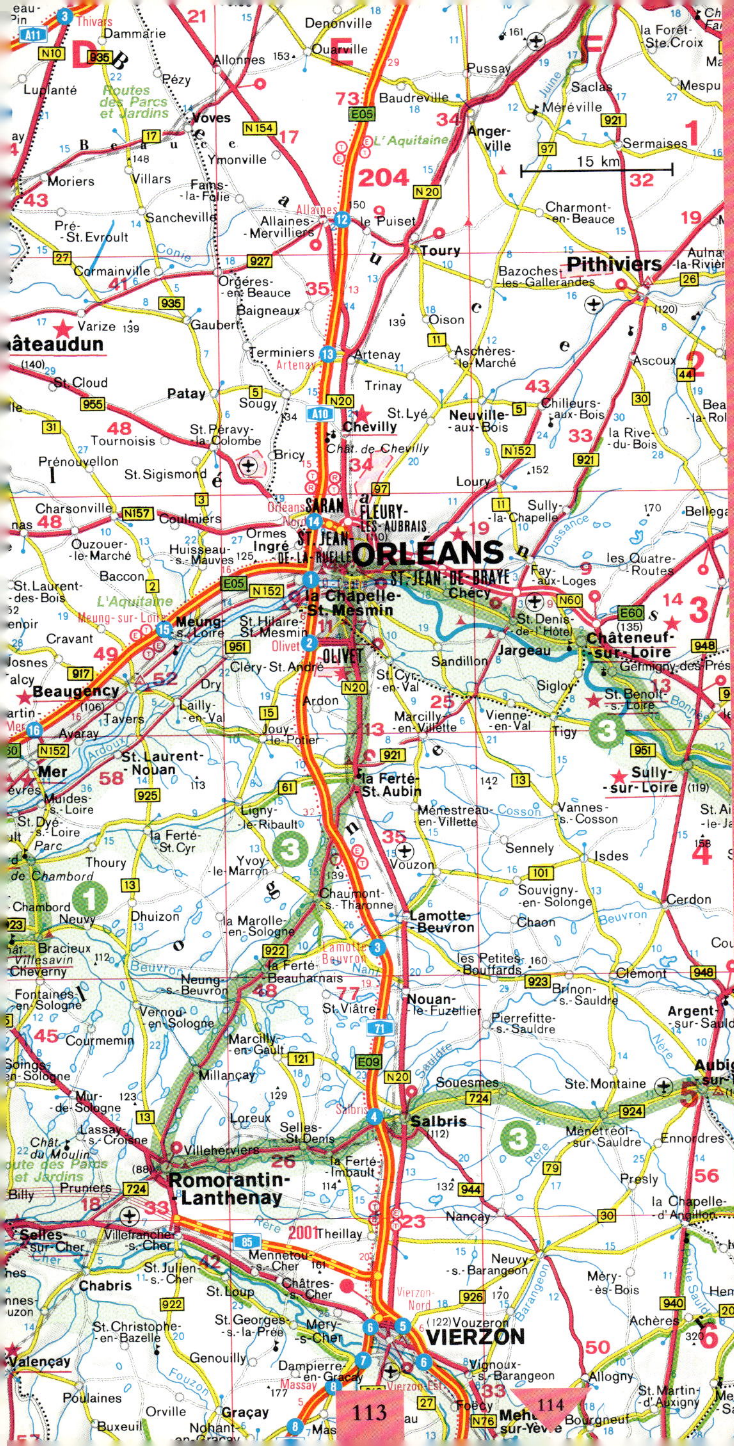

Dammarie
Denonville
Ouarville
Allonnes
Pussay
la Forêt-Ste.Croix
Luplanté
Pézy
Routes des Parcs et Jardins
Baudreville
Méréville
Saclas
Voves
Angerville
Sermaises
L'Aquitaine
Ymonville
15 km
Moriers
Villars
Fains-la-Folie
Charmont-en-Beauce
Pré-St.Evroult
Sancheville
Allaines-Mervilliers
le Puiset
Toury
Pithiviers
Cormainville
Orgères-en-Beauce
Bazoches-les-Gallerandes
Baigneaux
Oison
Varize
Gaubert
Châteaudun
Terminiers
Artenay
Ascheres-le-Marché
Ascoux
St.Cloud
Trinay
Patay
Sougy
St.Lyé
Neuville-aux-Bois
Chilleurs-aux-Bois
Chevilly
Tournoisis
St.Péravy-la-Colombe
Bricy
Chât. de Chevilly
la Rive-du-Bois
Prénouvellon
St.Sigismond
Loury
Charsonville
Coulmiers
Saran
Fleury-les-Aubrais
Sully-la-Chapelle
Ouzouer-le-Marché
Huisseau-s.-Mauves
Ormes
Ingré
St.Jean-de-la-Ruelle
Orléans
les Quatre-Routes
Baccon
St.Jean-de-Braye
Fay-aux-Loges
St.Laurent-des-Bois
L'Aquitaine
la Chapelle-St.Mesmin
Chécy
Meung-sur-Loire
Meung-s.-Loire
St.Hilaire-St.Mesmin
St.Denis-de-l'Hôtel
Châteauneuf-sur-Loire
Cravant
Olivet
Jargeau
Cléry-St.André
Sandillon
Germigny-des-Prés
Beaugency
Dry
St.Cyr-en-Val
Sigloy
Ardon
St.Benoît-s.-Loire
Tavers
Lailly-en-Val
Marcilly-en-Villette
Vienne-en-Val
Tigy
Avaray
Jouy-le-Potier
Mer
St.Laurent-Nouan
la Ferté-St.Aubin
Sully-sur-Loire
Muides-s.-Loire
St.Dyé-s.-Loire
Ménestreau-en-Villette
Vannes-s.-Cosson
Ligny-le-Ribault
Cosson
Parc de Chambord
Thoury
la Ferté-St.Cyr
Yvoy-le-Marron
Vouzon
Sennely
Isdes
Chambord
Chaumont-s.-Tharonne
Souvigny-en-Sologne
Cerdon
Neuvy
Dhuizon
la Marolle-en-Sologne
Lamotte-Beuvron
Chaon
Bracieux
Villesavin
Cheverny
Beuvron
la Ferté-Beauharnais
les Petites-Bouffards
Clémont
Neung-s.-Beuvron
Brinon-s.-Sauldre
Fontaines-en-Sologne
Vernou-en-Sologne
St.Viâtre
Nouan-le-Fuzelier
Pierrefitte-s.-Sauldre
Argent-sur-Sauldre
Courmemin
Marcilly-en-Gault
Soings-en-Sologne
Millançay
Souesmes
Ste.Montaine
Mur-de-Sologne
Loreux
Salbris
Lassay-s.-Croisne
Selles-St.Denis
Ménétréol-sur-Sauldre
Ennordres
Chât. du Moulin
Villeherviers
la Ferté-Imbault
Presly
Romorantin-Lanthenay
la Chapelle-d'Angillon
Pruniers
Nançay
Billy
Selles-sur-Cher
Villefranche-s.-Cher
Theillay
Mennetou-s.-Cher
Neuvy-s.-Barangeon
St.Julien-s.-Cher
Méry-ès-Bois
Chabris
St.Loup
Châtres-s.-Cher
Vierzon-Nord
Achères
St.Christophe-en-Bazelle
St.Georges-s.-la-Prée
Méry-s-Cher
Vouzeron
Vierzon
Valençay
Genouilly
Dampierre-en-Graçay
Vignoux-s.-Barangeon
Allogny
Poulaines
Massay
Vierzon-Est
St.Martin-d'Auxigny
Orville
Graçay
Foëcy
Buxeuil
Nohant-en-Graçay
Mehun-sur-Yèvre
Bourgneuf
114

113
114
15 km
ORLÉANS
SARAN
FLEURY-LES-AUBRAIS
ST. JEAN-DE-BRAYE
ST. JEAN-DE-LA-RUELLE
la Chapelle-St. Mesmin
OLIVET
Chécy
Ingré
Ormes
Coulmiers
Charsonville
Ouzouer-le-Marché
Huisseau-s.-Mauves
Baccon
Meung-s.-Loire
St. Hilaire-St. Mesmin
Cléry-St. André
Sandillon
St. Cyr-en-Val
Marcilly-en-Villette
Ardon
Jouy-le-Potier
Dry
Lailly-en-Val
Beaugency
Tavers
Cravant
Josnes
Talcy
Marchenoir
Ouques
Moisy
Morée
Binas
Écoman
St. Laurent-des-Bois
Rhodon
Pontijou
la Chap.-St. Martin-en-Plaine
Avaray
Mer
St. Laurent-Nouan
Suèvres
Muides-s.-Loire
St. Dyé-s.-Loire
Champigny-en-Beauce
la Chapelle-Vendômoise
Villerbon
Ménars
Fossé
BLOIS
Vineuil
Montlivault
Chambord
Parc de Chambord
Thoury
la Ferté-St. Cyr
Ligny-le-Ribault
la Ferté-St. Aubin
Ménestreau-en-Villette
Vouzon
Yvoy-le-Marron
Chaumont-s.-Tharonne
Lamotte-Beuvron
St. Gervais-la-Forêt
Mont-près-Chambord
Neuvy
Dhuizon
la Marolle-en-Sologne
Chailles
Candé-s.-Beuvron
Cellettes
Bracieux
Les Montils
Cour-Cheverny
Cheverny
Cormeray
Fougères-s.-Bièvre
Fontaines-en-Sologne
Neung-s.-Beuvron
la Ferté-Beauharnais
St. Viâtre
Nouan-le-Fuzelier
Pierrefitte-s.-Sauldre
les Petites Bouffards
Vernou-en-Sologne
Courmemin
Marcilly-en-Gault
Millançay
Soings-en-Sologne
Contres
Monthou-sur-Cher
Couddes
Choussy
Thésée
Chémery
Mur-de-Sologne
Lassay-s.-Croisne
Loreux
Selles-St. Denis
Souesmes
Salbris
St. Romain-s.-Cher
Route des Parcs et Jardins
Villeherviers
la Ferté-Imbault
Romorantin-Lanthenay
Billy
Pruniers
Noyers-sur-Cher
St. Aignan
Selles-sur-Cher
Villefranche-s.-Cher
Theillay
Nançay
Mennetou-s.-Cher
Châtres-s.-Cher
Neuvy-s.-Barangeon
Meusnes
Route des Dames de Touraine
Varennes-s.-Fouzon
Chabris
St. Julien-s.-Cher
St. Loup
Villentrois
St. Christophe-en-Bazelle
St. Georges-s.-la-Prée
Méry-s.-Cher
VIERZON
Vouzeron
Valençay
Genouilly
Dampierre-en-Graçay
Vignoux-s.-Barangeon
Nouans-les-Fontaines
Poulaines
Foëcy
Mehun-sur-Yèvre
Luçay-le-Mâle
Orville
Graçay
Nohant-en-Graçay
Massay
Méreau
Ecueillé
Buxeuil
Vicq-s.-Nahon
Plaisance
St. Pierre-de-Jards
Lury-s.-Arnon
Quincy
Entraigues
Guilly
Vatan
Bouges-le-Chât.
Reuilly
Preuilly-s.-Cher
Moulins-s.-Céphons
Liniez
Lazenay
Ste. Thorette
Bretagne
Vœu
Poisieux
Pellevoisin
Ste. Lizaigne
Villeneuve-s.-Cher
Argy
Levroux
Brion
Chârost
St. Florent-sur-Cher
la Champenoise
Buzançais
Vineuil
Issoudun
St. Ambroix
St. Caprais
Lunery
Villedieu-sur-Indre
Céré
Neuvy-Pailloux
Ségry
Mareuil-s.-Arnon
CHÂTEAUROUX
Crevant
Chemin de St. Jacques
Meunet-Planches
Châteauneuf-sur-Cher
Diors
St. Baudel
Neuillay-les-Bois
Etrechet
Chezal-Benoît
Méobecq
Ambrault
Pruniers
le Poinçonnet
Lothiers
Lignières
St. Août
Ferron

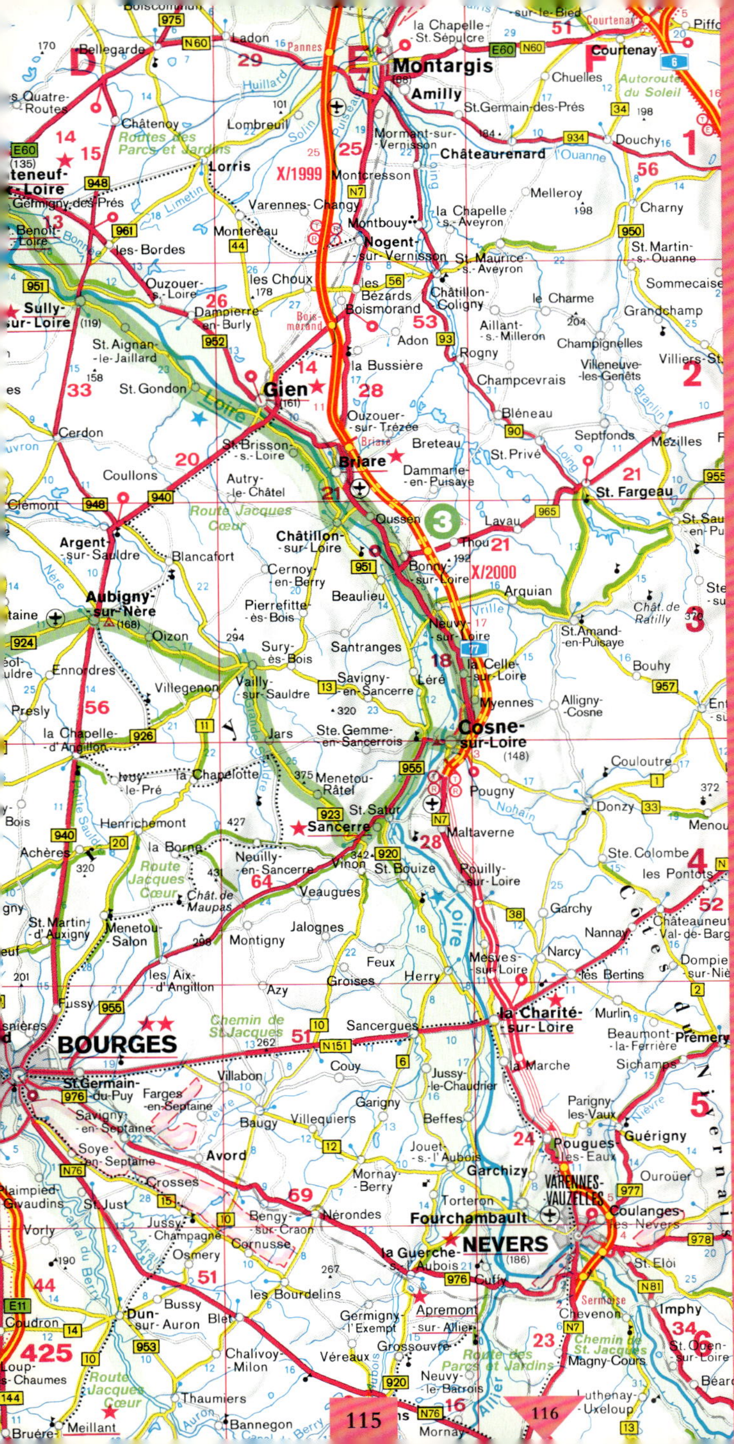

Bellegarde
Ladon
Pannes
la Chapelle-St. Sépulcre
Montargis
Amilly
Courtenay
Autoroute du Soleil
Chuelles
St. Germain-des-Prés
Douchy
Quatre-Routes
Châtenoy
Routes des Parcs et Jardins
Lombreuil
Solin
Puiseaux
Mormant-sur-Vernisson
Châteaurenard
l'Ouanne
Lorris
Montcresson
Melleroy
Charny
Germigny-des-Prés
Varennes-Changy
la Chapelle-s.-Aveyron
Montbouy
Monteréau
Nogent-sur-Vernisson
St. Maurice-s.-Aveyron
St. Martin-s.-Ouanne
Sommecaise
Benoît-s-Loire
les-Bordes
Ouzouer-s.-Loire
les Choux
les Bézards
Châtillon-Coligny
le Charme
Grandchamp
Sully-sur-Loire
Dampierre-en-Burly
Boismorand
Aillant-s.-Milleron
Champignelles
St. Aignan-le-Jaillard
Adon
Rogny
Villeneuve-les-Genêts
Villiers-St.
St. Gondon
Gien
la Bussière
Champcevrais
Loire
Ouzouer-sur-Trézée
Bléneau
Cerdon
Septfonds
Mézilles
St. Brisson-s.-Loire
Breteau
Briare
St. Privé
Dammarie-en-Puisaye
Coullons
Autry-le-Châtel
St. Fargeau
Clémont
Route Jacques Cœur
Ousson
Lavau
Argent-sur-Sauldre
Blancafort
Châtillon-sur-Loire
Thou
Bonny-sur-Loire
Cernoy-en-Berry
Beaulieu
Arquian
Aubigny-sur-Nère
Pierrefitte-ès-Bois
Neuvy-sur-Loire
St. Amand-en-Puisaye
Châț. de Ratilly
Oizon
Sury-ès-Bois
Santranges
la Celle-sur-Loire
Bouhy
Ennordres
Vailly-sur-Sauldre
Savigny-en-Sancerre
Léré
Myennes
Alligny-Cosne
Villegenon
Presly
la Chapelle-d'Angillon
Jars
Ste. Gemme-en-Sancerrois
Cosne-sur-Loire
Ivoy-le-Pré
la Chapelotte
Menetou-Râtel
Pougny
Couloutre
Henrichemont
St. Satur
Sancerre
Donzy
Nohain
Maltaverne
Achères
la Borne
Neuilly-en-Sancerre
Vinon
St. Bouize
Ste. Colombe
les Pontots
Route Jacques Cœur
Chât. de Maupas
Veaugues
Pouilly-sur-Loire
Garchy
Châteauneuf-Val-de-Barg
St. Martin-d'Auxigny
Menetou-Salon
Montigny
Jalognes
Nannay
Narcy
Dompierre-sur-Nièvre
Feux
Mesves-sur-Loire
les Bertins
les Aix-d'Angillon
Azy
Groises
Herry
Fussy
Chemin de St. Jacques
Sancergues
la Charité-sur-Loire
Murlin
Beaumont-la-Ferrière
Prémery
BOURGES
Couy
la Marche
Sichamps
St. Germain-du-Puy
Villabon
Jussy-le-Chaudrier
Farges-en-Septaine
Garginy
Parigny-les-Vaux
Savigny-en-Septaine
Baugy
Villequiers
Beffes
Guérigny
Soye-en-Septaine
Avord
Jouet-s.-l'Aubois
Pougues-les-Eaux
Crosses
Mornay-Berry
Garchizy
Varennes-Vauzelles
Ouroüer
Plaimpied-Givaudins
St. Just
Torteron
Coulanges-les-Nevers
Jussy-Champagne
Bengy-sur-Craon
Nérondes
Fourchambault
Vorly
Osmery
Cornusse
la Guerche-s.-l'Aubois
NEVERS
St. Eloi
Cuffy
les Bourdelins
Apremont-sur-Allier
Sermoise
Chevenon
Imphy
Bussy
Dun-sur-Auron
Blet
Germigny-l'Exempt
Grossouvre
St. Ouen-sur-Loire
Coudron
Chalivoy-Milon
Véreaux
Route des Parcs et Jardins
Chemin de St. Jacques
Magny-Cours
Loup-les-Chaumes
Route Jacques Cœur
Neuvy-le-Barrois
Allier
Thaumiers
Luthenay-Uxeloup
Bruère
Meillant
Bannegon
Mornay
Canal du Berry
Côtes du Nivernais

115
116

115

A
B
C
1
2
3
4
5
6
Route Jacques Cœur
Thaumiers
Bannegon
Sancoins
Neuvy-le-Barrois
Lurcy-Lévis
Bigny
Bruère-Allichamps
Anc. Abb. de Noirlac
Bessais-le-Fromental
St. Aignan-des-Noyers
Mornay-sur-Allier
St. Pierre-le-Moûtier
Azy-le-Vif
Luthenay-Uxeloup
Canal du Berry (déclassé)
Chemin de St. Jacques
Orval
St. Amand-Montrond
Charenton-du-Cher
Laugère
Ainay-le-Château
Château de St. Augustin
le Veurdre
Fosse-Nouvelle
Loye-s.-Arnon
Ainay-le-Vieil
Meslon
Pouzy-Mésangy
Limoise
Couleuvre
St. Christophe-le-Chaudry
Saulzais-le-Potier
Urçay
Franchesse
Couzon
Cérilly
Circuit du Lys
Meaulne
Epineuil-le-Fleuriel
Culan
Vesdun
St. Vitte
le Brethon
Theneuille
St. Plaisir
le Vilhain
Bourbon-l'Archambault
Montilly
St. Menoux
la Grave
Vallon-en-Sully
Ygrande
St. Désiré
Chazemais
Forêt de Tronçais
Hérisson
Aumance
Souvigny
Viplaix
Audes
Bourbonnais
le Pont-Cellier
Meillers
Reugny
Louroux-Hodement
Cosne-d'Allier
Buxières-les-Mines
la Pierre-Percée
Cressanges
la Chapelaude
Estivareilles
Bizeneuille
Huriel
Domérat
St. Victor
Murat
Tronget
le Montet
Desertines
Montluçon
St. Angel
Villefranche-d'Allier
Deux-Chaises
Tréban
Châtel-de-Neuvre
Quinssaines
Chamblet
Doyet
Bézenet
Montmarault
Lamaids
Commentry
Voussac
le Theil
Verneuil-en-Bourbonnais
Teillet-Argenty
Néris-les-Bains
Saulcet
Colombier
Monestier
St. Pourçain-sur-Sioule
Durdat-Larequille
Budelière
Lapeyrouse
Chantelle
Marcillat-en-Combraille
Evaux-les-Bains
Montaigut
Echassières
Bellenaves
St. Eloy-les-Mines
Fontanières
Lalizolle
St. Bonnet-de-Rochefort
Jenzat
le Mayet-d'Ecole
Pionsat
Gorges de la Sioule
Menat
Chouvigny
Gorges de Chouvigny
Escurolles
Rougnat
St. Maurice-près-Pionsat
Teilhet
Pont de Menat
Ebreuil
Gannat
Cognat-Lyonne
Auzances
St. Pardoux
St. Gervais-d'Auvergne
Châteauneuf-les-Bains
Effiat
Dontreix
St. Priest-des-Champs
Méandre de Queuille
Gour de Tazenat
Aigueperse
Viaduc des Fades
Montel-de-Gelat
Combronde
Aubiat
les Ancizes-Comps
St. Georges-de-Mons
Manzat
Thuret
le Cheix
St. Avit
Châtelguyon
la Chartreuse de Port-St. Marie
Montfermy
Pontaumur
Château de Mozac
Tournoël
Riom
Ennezat
Maringues
Volvic
la Goutelle
le Cratère
Pontgibaud
Chateaugay
Cébazat
Circuit de Jonquilles
Col des Goules
Durtol
Gerzat
Lezoux
Gelles
Orcines
Puy de Dôme
Montferrand
Pont-du-Château
Herment
Royat
Aulnat
Lempdes
Lastic
Puy de Banson
Clermont-Ferrand
Massagette
les 4 Routes
Col de la Moreno
Ceyrat
Cournon-d'Auvergne
Puy de Prêchonnet
Rochefort-Montagne
Chât. de Cordès
Orcival
Romagnat
Plat. de Gergovie
le Cendre
Billom
Bourg-Lastic
Messeix
Laqueuille
Theix
Opme
Martres-de-Veyre
Randanne
Col de la Ventouse
La Jouchère
Roche Tuilière
Roche Sanadoire
St. Saturnin
St. Sauves-d'Auvergne
la Banne d'Ordanche
St. Amant-Tallende
Pont Henry
Regional
les Arnats
Col de la Croix Morand
Vic-le-Comte
Chât. de Buron
Tauves
la Bourboule
Chambon-sur-Lac
Plauzat
Coudes
Sugères
III/2000

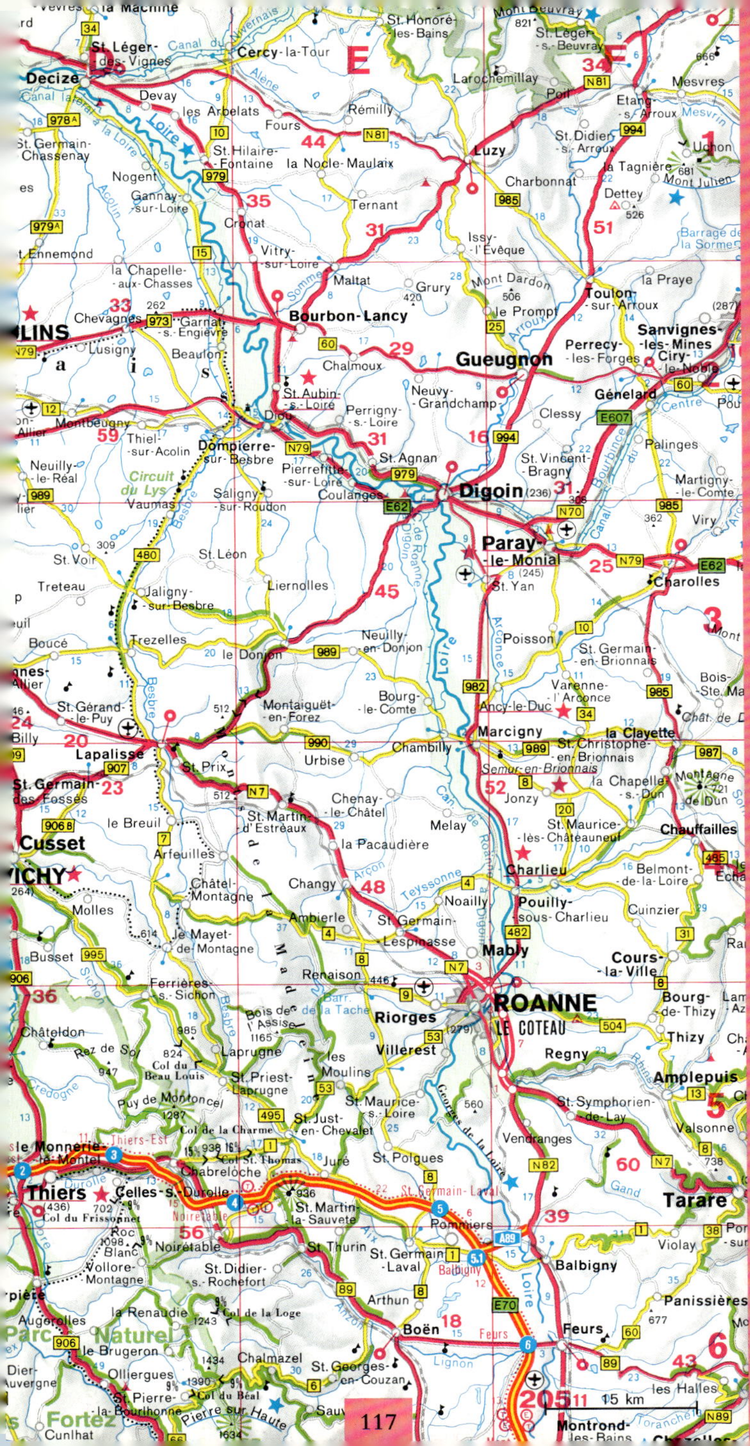

Decize
St. Léger-des-Vignes
Cercy-la-Tour
Canal du Nivernais
E
F
St. Honoré-les-Bains
Mont Beuvray
St. Léger-s.-Beuvray
Larochemillay
Poil
Mesvres
Etang-s.-Arroux
Devay
les Arbelats
Fours
Rémilly
St. Germain-Chassenay
Nogent
St. Hilaire-Fontaine
la Nocle-Maulaix
Luzy
St. Didier-s.-Arroux
Uchon
la Tagnière
Mont Julien
Charbonnat
Gannay-sur-Loire
Ternant
Dettey
Cronat
Issy-l'Evêque
Vitry-sur-Loire
Barrage de la Sorme
Maltat
Grury
Mont Dardon
la Praye
la Chapelle-aux-Chasses
Toulon-sur-Arroux
le Prompt
Chevagnes
Garnat-s.-Engièvre
Bourbon-Lancy
Sanvignes-les-Mines
Lusigny
Beaulon
Gueugnon
Perrecy-les-Forges
Ciry-le-Noble
Chalmoux
St. Aubin-s.-Loire
Neuvy-Grandchamp
Génelard
Montbeugny
Perrigny-s.-Loire
Clessy
Thiel-sur-Acolin
Dompierre-sur-Besbre
Diou
Palinges
St. Agnan
St. Vincent-Bragny
Neuilly-le-Réal
Circuit du Lys
Pierrefitte-sur-Loire
Martigny-le-Comte
Saligny-sur-Roudon
Coulanges
Digoin
Vaumas
Viry
Paray-le-Monial
St. Voir
St. Léon
Charolles
Treteau
Liernolles
St. Yan
Jaligny-sur-Besbre
Poisson
Bouce
Trezelles
le Donjon
Neuilly-en-Donjon
St. Germain-en-Brionnais
Varenne-l'Arconce
Bois-Ste. Marie
St. Gérand-le-Puy
Montaiguët-en-Forez
Bourg-le-Comte
Ancy-le-Duc
Billy
Lapalisse
Marcigny
la Clayette
Urbise
Chambilly
St. Christophe-en-Brionnais
Semur-en-Brionnais
St. Prix
St. Germain-des-Fossés
Chenay-le-Châtel
Jonzy
la Chapelle-s.-Dun
Montagne de Dun
le Breuil
St. Martin-d'Estréaux
Melay
St. Maurice-lès-Châteauneuf
Chauffailles
Cusset
Arfeuilles
la Pacaudière
VICHY
Châtel-Montagne
Changy
Charlieu
Belmont-de-la-Loire
Molles
Noailly
Pouilly-sous-Charlieu
Cuinzier
le Mayet-de-Montagne
Ambierle
St. Germain-Lespinasse
Mably
Busset
Cours-la-Ville
Ferrières-s.-Sichon
Renaison
ROANNE
Bourg-de-Thizy
Châteldon
Bois de l'Assise
Barr. de la Tache
Riorges
LE COTEAU
Thizy
Col du Beau Louis
Laprugne
Villerest
Regny
Amplepuis
St. Priest-Laprugne
les Moulins
Puy de Montoncel
St. Maurice-s.-Loire
St. Symphorien-de-Lay
Col de la Charme
St. Just-en-Chevalet
Valsonne
la Monnerie-le-Montel
Thiers-Est
Col St. Thomas
Juré
Vendranges
Chabreloche
St. Polgues
Thiers
Celles-s.-Durolle
St. Germain-Laval
Tarare
Col du Frissonnet
St. Martin-la-Sauveté
Pommiers
Noirétable
Roc Blanc
St. Thurin
Violay
Vollore-Montagne
St. Didier-s.-Rochefort
St. Germain-Laval
Balbigny
Arthun
Panissières
Augerolles
la Renaudie
Col de la Loge
Boën
Feurs
Parc Naturel
le Brugeron
Chalmazel
St. Georges-en-Couzan
Olliergues
Col du Béal
St. Pierre-la-Bourlhonne
Pierre sur Haute
les Halles
Livradois Forez
Cunlhat
Montrond-les-Bains
15 km

LEGENDE REISEATLAS

le Mans-Est 4 — Autobahn mit Anschlußstelle / Motorway with junction

Datum, Date — Autobahn in Bau / Motorway under construction

Datum, Date — Autobahn in Planung / Motorway projected

Raststätte mit Übernachtungsmöglichkeit / Roadside restaurant and hotel

Raststätte ohne Übernachtungsmöglichkeit / Roadside restaurant

Erfrischungsstelle, Kiosk / Snackbar, kiosk

Tankstelle / Filling-station

Autobahnähnliche Schnellstraße mit Anschlußstelle / Dual carriage-way with motorway characteristics with junction

Straße mit zwei getrennten Fahrbahnen / Dual carriage-way

Durchgangsstraße / Thoroughfare

Wichtige Hauptstraße / Important main road

Hauptstraße / Main road

Sonstige Straße / Other road

Bergbahn / Mountain railway

Sessellift (Auswahl) / Chair-lift (selection)

Autotransport per Bahn / Transport of cars by railway

Autofähre / Car ferry

Schiffahrtslinie / Shipping route

Landschaftlich besonders schöne Strecke / Route with beautiful scenery

Routes des Crêtes — Touristenstraße / Tourist route

Straße gegen Gebühr befahrbar / Toll road

Straße für Kraftfahrzeuge gesperrt / Road closed to motor traffic

Zeitlich geregelter Verkehr / Temporal regulated traffic

15% — Bedeutende Steigungen / Important gradients

Kultur / Culture

★★ PARIS, ★★ la Alhambra — Eine Reise wert / Worth a journey

★ TRENTO, ★ Comburg — Lohnt eine Umweg / Worth a detour

Landschaft / Landscape

★★ Rodos, ★★ Fingal's cave — Eine Reise wert / Worth a journey

★ Korab, ★ Jaskinia raj — Lohnt einen Umweg / Worth a detour

Besonders schöner Ausblick / Important panoramic view

Nationalpark, Naturpark / National park, nature park

Sperrgebiet / Prohibited area

4807 — Bergspitze mit Höhenangabe in Metern / Mountain summit with height in metres

(630) — Ortshöhe / Height above sea level

Kirche / Church

Kirchenruine / Church ruin

Kloster / Monastery

Klosterruine / Monastery ruin

Schloß, Burg / Palace, castle

Schloß-, Burgruine / Palace ruin, castle ruin

Denkmal / Monument

Wasserfall / Waterfall

Höhle / Cave

Ruinenstätte / Ruins

Sonstiges Objekt / Other object

Jugendherberge / Youth hostel

Badestrand · Surfen / Bathing beach · Surfing

Tauchen · Fischen / Diving · Fishing

Verkehrsflughafen / Airport

Flugplatz / Airfield

20 km